教师成长必读系列

丛书主编
刘春琼 刘 建

· What Every Teacher Should Know About ·

W. James Popham Andrew P. Johnson

Educational Assessment, Action Research and Classroom Management

James Levin James F. Nolan

教育评估、行动研究与课堂管理

[美] W.詹姆斯·波帕姆
[美] 安德鲁·P.约翰逊
[美] 詹姆斯·莱文
[美] 詹姆斯·F.诺兰 / 著

王加强 / 译
刘春琼 / 校

上海教育出版社
SHANGHAI EDUCATIONAL PUBLISHING HOUSE

总　序

General Preface

"教师成长必读系列"（What Every Teacher Should Know About）是世界著名的培生教育出版公司（Pearson Education Inc.）在2000—2012年推出的系列著作。丛书共计12本，是针对中小学教师专业成长以及教师教育类专业师范生的专门读物，其中超过半数的图书已经多次再版，受到各方好评，在美国大、中、小学都有很大影响。丛书涉及教育心理学、教育管理学、教育技术学等多个学科，以实践为导向，理论联系实际，将各学科最新理论进展与中小学教育实践进行很好的整合。它的出版对丰富教师教育知识体系，拓展理论研究空间，提升教育实践水平具有重要价值与意义。同样，丛书对推进我国教师教育理论研究，促进中小学教师专业发展，提升师范生的综合素养也具有重要启示与借鉴意义。因此，编者将其引入国内，作为我国师范生培养的辅助性教材以及中小学教师专业发展的参考读物。

本丛书既涉及教育管理、教育测量等理论性较强的专业性领域，也涉及教师职业化、教师职业规划等发展性主题，很好地体现出教师专业发展知识基础的基本构成。第一批引进的六本书分别是《课堂管理的第一本书》(第三版)(*Teacher-Tested Classroom Management Strategies*, Third Edition)、《教学第一年生存指南》(第五版)(*Your First Year of Teaching: Guidelines for Success*, Fifth Edition)、《教师的专业素养》(第三版)(*Professionalism in Teaching*, Third Edition)、《教育评估》(*Educational Assessment*)、《行动研究》(*Action Research*)和《课堂管理》(*Classroom Management*)(基于篇幅考虑,我们将后三本集为一本翻译出版,书名为《教育评估、行动研究与课堂管理》)。六本书的基本情况简介如下:

《课堂管理的第一本书》(第三版)的作者为布洛瑟姆·S.尼斯曼(Blossom S. Nissman)。她曾任美国长滩岛联合学校行政主管,具有多年中小学从教、咨询与顾问经验。这本著作是她关于具体课堂管理问题的教学经验总结,书中提供了一百多条课堂管理策略和方法。本书的最大特色是基于实践倾向而非理论倾向。这部著作曾多次再版,为她赢得了良好声誉。

《教学第一年生存指南》(第五版)的作者理查德·D.克罗夫(Richard D. Kellough)是美国著名的教育学教授,目前在加利福尼亚州立大学教育学院工作,教授儿童文学、阅读以及语言艺术等课程,同时也是教师教育系和教师教育中心主任。她以文学教育以及教师教育语言艺术研究见长,其著作《美国名人录》(*Who's Who in America*)获得太平洋地区高校年度成就奖,她本人也因出色的教育工作以及社团和社会服务工作而获得加利福尼亚州立大学杰出成就奖。本书以指南的形式向从教第一年的教师重点阐释成功工作的要点与要求,从教第一年的新手教师可以从这本书中获得各方面的帮助和指导。

《教师的专业素养》(第三版)的第一作者贝丝·赫斯特(Beth Hurst)是美国西南密苏里州立大学教师教育学院教授,主要教授阅读教育方面的研究生课程,曾是教师任职、退休和提升委员会(Teacher Education Reappointment, Tenure, and Promotion Committee)主席,因在教师教育方面贡献突出,于2004年获得美国国家大学教育突出贡献奖。这本著作突出了教学中的职业化取向,对具体教学实践有切实的指导作用。在书中,许多在职教师现身说法,这使教师教育专业学生易于读懂,在职教师乐于亲近。

《教育评估》的作者W.詹姆斯·波帕姆(W. James Popham)是美国加州大学洛杉矶分校教育与信息研究生院的著名教授。他曾经接受学科课程方面的教育,之后转向教育评估研究,并在该领域取得卓越成就。鉴于其受教育经历,他的教育评估研究与具体教学实践密切相关。其著作《测验的真相》(*The Truth about Testing: An Educator's Call to Action*)(2001)以及《以测试促进教学》(*Test Better, Teach Better*)一度引起广泛关注,获得认可。《教育评估》一书是他专门为广大教师撰写的一本通识教材,简洁明快,一目了然,非常适合一线教师与初学教学评估的教师和学生阅读。

《行动研究》的作者安德鲁·P.约翰逊(Andrew P. Johnson)是美国明尼苏达州立大学教育系教授。他在天才教育和整合教育方面作出了卓越贡献,尤其以情绪智力培养和行动研究见长,其主持的行动研究工作获得广泛认可。在此之前,他曾经在公立中学做过9年教师。其著作《行动研究导论》(*A Short Guide to Action Research*)影响很大,中译本已经由台湾五南图书出版股份有限公司出版,而《行动研究》是他为中小学教师写的一本简读本,以简明扼要的形式陈述行动研究的过程和方法,可以作为中小学教师行动研究的工具书。

《课堂管理》的作者詹姆斯·莱文(James Levin)在科学教育和数学教育方面具有30多年的研究经验,并有10年的中学从教经验。在近20年的时间里,他专门从事教师教育与课堂管理研究。他曾担任多所中学的顾问,目前为宾夕法尼亚州立大学教育研究生院导师,曾获得爱泊丽科学学院校友会杰出贡献奖(2002年)。他与詹姆斯·F.诺兰(James F. Nolan)合著的《课堂管理的原则》(*Principles of Classroom Management*)再版9次。在《课堂管理》一书中,作者简明扼要地向读者呈现了课堂管理的基本原则,以及基于这些原则的管理要求,具有很强的指导性与操作性。

本丛书的最大特色在于基于专业理论,注重专业理论知识的通识性表达,直面教育实践,操作性强,聚焦现实问题,内容短小精悍。丛书的各位作者均为著名的专家和教授,都致力于将理论研究应用于中小学实践,这些都保证了丛书的理论前沿性和应用性。丛书作者大多有超过10年的中小学管理和教学经验,他们或者一边在大学教书,一边作为顾问服务于中小学教育实践,或者在长期从事中小学教育工作后进入大学从事专门研究。这些著作直面实践,把"让读者看懂,看懂后马上能照着做"作为第一要求。同时,行文浅显易懂,操作性强,直接将教师在实践中遇到的问题作为章节内容的核心。丛书短小精悍,内容精练,注重实用,以把问题讲清楚作为主要目标,以好用、易行为主要原则。培生教育公司邀请美国国内在相关领域具有专长的著名专家教授编写这套丛书,其宗旨就是基于短小精悍、面向实践的理念,向读者提供关于该领域的核心知识和实践技能。因此,无论是在校师范生,还是在职教师,都可以从这套丛书中获得教师教育的基础理论知识,习得相关实践能力。

本丛书由南京师范大学教师教育学院的部分教师负责翻译,刘建、许立新、王加强、赵家荣等译者英语功底深厚,态度认真负责,保证了这套丛书的质量。刘春琼与刘建为丛书的主编,负责著作的遴选、编校,翻译人员的确定,翻译工作的管理以及出版工作的协调等。刘春琼与赵家荣负责丛书的校对工作。丛书的出版得到了诸多领导、专家与学者的帮助,南京师范大学教师教育学院杨作东院长、周晓静副院长,南京师范大学泰州学院郭宁生书记,南京师范大学教师教育学院李学农教授、杨跃教授等领导与专家都对丛书的翻译与出版工作给予了指导与帮助。上海教育出版社谢冬华副编审、周晟副编审为本丛书的图书选定与出版提供了非常宝贵的建议。在此一并致谢!

近年来,随着人们对优质教育资源的需求越来越多,教师专业发展成为人们普遍关注的话题。如何让学校教师快速成长,掌握精深的教育理论知识与娴熟的教育教学技能,从而提升学校教育教学质量,是学校领导最为关心的问题。同时,我国高校教师教育改革与发展如火如荼,如何培养素质全面的师范生,使他们在校期间能够熟练掌握中小学教育教学技能,快速投入到入职后的教育教学工作之中,也是高校教师教育者一直在思考的问题。因此,无论是中小学一线教师,还是高校教师教育类专业的师范生,都需要拥有一些符合实际、切实可行的专业丛书。本丛书基于专业理论,直面教育实践,聚焦现实问题,言简意赅,通俗易懂,能够在多个方面满足他们的不同需求。我们真心希望这套丛书能给他们带来帮助,促进他们的专业发展,提升他们的教育教学水平,从而为教育事业发展作出贡献。当然,鉴于我们的水平有限,在翻译过程中难免存在失误,敬请读者予以批评指正。

编　者

2017年冬于金陵随园

目　录

Contents

001　第一部分　教育评估

003　关于评估，教师应该了解什么

005　信度

008　效度

010　克服偏见

013　评估什么与如何评估

015　选择反应测验

020　建构反应测验

025　表现性评估

029　档案袋评估

033　情感评估

036　完善教师自行开发的评估工具

039　教学导向评估

042　标准化测验分数的解释

045　测验准备工作注意事项

049　教师教学评估与学生成绩等级评定

051　第二部分　行动研究

- 053　行动研究导论
- 053　行动研究概览
- 056　开端
- 056　行动研究步骤
- 058　寻找你的研究主题
- 059　理论背景
- 059　文献综述的来源
- 061　文献综述示例
- 065　数据收集方法
- 065　数据收集
- 066　行动研究中的数据类型
- 078　数据分析方法
- 078　精度和信度
- 079　归纳性分析
- 084　讨论：你的行动计划
- 084　结论与建议
- 087　对研究的评价
- 088　设计一个新计划或新项目
- 092　参考文献

095　第三部分　课堂管理

- 097　概念界定
- 097　纪律问题的界定
- 104　预防

104　课堂教学设计

106　学生动机：教师可以调控的因素

111　教师期望

113　学生动机：学生认知

116　课堂程序

117　课堂规范

120　规范和指南中的文化意蕴

123　创建小组规范，形塑个体恰当行为

125　管理学生偶发常见的问题行为

125　积极的干预技能

127　补救性干预技能

147　管理学生积习难改的问题行为

147　建立关系

152　打破令人沮丧的恶性循环

159　管理技巧

174　参考文献

第一部分

教育评估

关于评估，教师应该了解什么

本节主要说明教师为什么需要了解评估（assessment）。教育评估是一种正式的方法，用以确定学生在教师关注的一些教育变量上的状况。根据教师的课堂活动，教师进行评估通常有四大目的：（1）诊断学生的优势和劣势；（2）监测学生的进步情况；（3）评定等级；（4）评定教学效果。根据教育评估成果的最新应用，教师需要了解教育评估的理由有三个。也就是，教育测验（test）还有三个新功能：（1）影响公众对教育效果的认识；（2）有助于评价教师；（3）阐明教师的教学意图。不管测验结果有什么具体的应用，教师都应该用评估的结果去作出更好的判断。这是占用学生的时间来开展评估的唯一理由。

无论你已经是一名教师，还是将要成为一名教师，你都需要对教育评估有所了解。但是，教育评估领域的知识浩如烟海，有些教育者甚至在整个职业生涯中都在研究评估。很显然，除了你关心的，教育评估的知识还有很多。因此，问题便成了"对于评估，教师应该了解什么？"

本书第一部分原标题"每位教师都应该知道的教育评估知识"（What Every Teacher Should Know About Educational Assessment）已经告诉了我们答案。在本讨论中，这个标题的关键词是"应该"。在教育评估领域，你可以学到许多引人入胜的内容。你甚至会发现有些内容（当然我觉得也不会有太多）非常有趣。不过，为了帮助学生学习，你其实不需要掌握那么多评估的玄机。本书第一部分精选你需要知道的教育评估知识,帮助你改善学生的学习。我不想往你的头脑中填塞大量"不知道也行,知道更好"的教育评估知识。这些"知道更好"的知识经常挤占"必须知道"的知识。毕竟,我们的脑容量就那么大。

如果你知道本书第一部分涉及的主要主题,可能更容易理解接下来的内容。本书第一部分的主题是:

1. 自编评估工具;

2. 使用他人编制的评估工具;

3. 根据对教学有启发意义的评估来规划教学。

祝你在教育评估的知识海洋中畅游!

信　　度

本节的主题是教育评估程序的信度。信度(reliability)是指一个测验在测试任何对象时表现出来的一致性，也就是排除那些歪曲测验结果的测验误差。

有三种信度证据。稳定性信度(stability reliability)是指测验结果跨时间的一致性程度。稳定性信度通常用两次测验(前测和后测)成绩之间的相关系数表示，也可以用受测者在两次测验间的类别一致性(classification consistency)程度表示。复本信度(alternate-form reliability)是指两个及两个以上等值的复本测验结果之间的一致性。复本信度通常用受测者在两个复本中的测验结果的相关系数表示，当然也可以用类别一致性程度的百分比表示。内部一致性信度(internal consistency reliability)是指测验题目的同质性程度。常用的内部一致性指数是库德-理查逊公式(Kuder-Richardson formulae)和克龙巴赫 α 系数。这三种信度的证据不可相互替代。到底用哪种信度证据，要根据评估程序想要达成的教育目的——依据评估结果所作的决策类型——来选择合适的信度指标。

测量的标准误(standard error of measurement)是描述个体成绩一致性的指标。标准误与媒体中经常报道的各种全国性民意测验的"抽样误差"颇为相似。一线教师最好熟悉信度的关键内容。不过，除非你使用的测验非常重要，否则没有必要计算课堂测验的信度。

作为一名教师或准教师，你需要了解哪些有关信度的知识？例如，你需要从课堂中收集数据来计算信度系数吗？果真如此，你是否需要收集三种不同的信度证据呢？我的答案可能会让你大吃一惊。我认为你需要知道信度是什么，但是你不必将它应用到你自编的测验中，除非这个测验非常重要。而且，我至今还没有发现哪个测验，哪怕是期末测验，重要到需要计算信度的程度。一般而言，如果你的课堂测验是认真编写的，那么根据它作一些决策是没有问题的。

你之所以需要了解信度，是因为你可能需要向家长解释学生的标准化测验成绩，这时你就需要知道这个测验是否可信。你需要知道测验手册的编写者讲了什么，而且要特别提防手册中只提供一种信度值的情况。例如，某个测验只提供内部一致性信度（因为它最容易得到），却据此声称这一测验具有跨时间和跨复本的一致性。简单地说，你要了解信度的基本含义，但我并不建议你让自编的测验接收信度的检阅。

信度是测量的核心概念。正如你将在后面看到的，如果一个测验程序无法产出一致的结果，我们就几乎没有可能对学生成绩的意义作出准确推断。低信度的测量至少有时是不准确的。因而，务必记住，评价连带的利害关系越大，就越要高度注意它的信度。让你评估一个别人编制的重要测验，如果你发现编制者对确立测验信度粗心大意，你就要对测验保持批判态度，因为这个测验缺少表征其本质属性的证据。

你还需要知道有三种信度证据，而且它们之间不能相互替代。不要相信内部一致性信度高就足以说明稳定性信度和复本信度也高的胡话，也不要被那种根据稳定性信度就可推知复本信度的谬论迷惑。尽管这三种信度证据彼此相关，但它们是相当不同的东西，就像远房的表亲。

作为教育领域的专家，我想告诉一线教师：你需要理解信度是教育评估程序的一个重要属性。测验的利害关系越大，就越要重视它的信度。信度是心理测量专家评估测验的一个关键标准，你必须知道它的意义，尽管你在日常教学中不一定用得到它。

你对信度的了解有点像保健师对血压及其对健康的影响的了解。尽管保健师很少直接处理病人的血压问题，但是关于血压如何影响健康的基础知识却几乎是无人不晓的。尽管我不赞成你花时间计算自编测验的信度，但是我认为你应该了解信度是什么以及信度为什么重要。当然，计算太多课堂自编测验的信度系数会让你的血压升高。

效　　度

在教育评估中,效度是指根据学生的测验成绩(如学生的拼写测验分数)推论其内部状态(如学生的拼写能力)的准确性。有三种形式的效度证据。内容关联的效度证据(content-related evidence of validity)为我们勾勒了评估方案在多大程度上代表评估范围的图景。校标关联的效度证据(criterion-related evidence of validity)是测验预测学生后来水平的准确程度。结构关联的效度证据(construct-related evidence of validity)则描述了测验测到某一假想概念(如某个学生的书面写作能力)的准确程度。

我们应该考虑效度证据和信度证据之间的关系以及某些不被认可的效度形式。通常而言,效度证据越多越好,不过在考虑为自编测验提供多少效度证据时要讲求实际。我建议教师熟悉这三种效度证据形式,不过只需把内容关联的效度证据用到课堂测验中。

对于效度,一线教师真正需要了解哪些内容?他们需要为自编测验收集证据吗?如果需要,该收集哪些?

与信度相同,我认为一线教师需要理解三种效度证据的实质,但不必亲自去收集证据。显然,作为教师,你每天忙于将一切工作赶在学生前面,根本抽不出时间来收集效度证据。不过,对于关系重大的测验,我强烈建议你至少花点时间确保测验的内容关联效度。我认为,慎重思考测验对评估范围的代表性是编制一个好测验的第一步。你可以请一位同事来评估你自编的测验,以确保它能很好地考查你所教的内容,从而确保依据测验分数推论学生水平的有效性。

至于另外两种效度证据,只要理解其含义即可。不过,如果有人让你参加一个大型测验的评审,你就要多了解一些效度证据知识。这样,当那些效度专家开始背诵他们的"效度礼赞"时,你才不会被吓倒。

克 服 偏 见

本节的主题是克服偏见。顾名思义,就是主要说明教育者如何克服偏见。评估偏见(assessment bias)是在评估程序中会因为学生个体特征(如性别和种族等)而使他们受到冒犯或不公正对待的任何因素。评估偏见会歪曲特定群体学生在教育测验中的表现,而且会影响据此作出的推论的有效性。评估偏见的表现形式主要有两种:冒犯和不公正对待。一个测验对某一亚群体的成员具有不同的结果,不一定表明存在评估偏见,而是否真的存在偏见的影响,还要进一步谨慎审查。在许多情况下,测验结果上的差异仅仅说明某个群体接受的教育不够充分,也就是教育质量有问题。

我们主要有两种识别评估偏见的方法。一种是评判的方法,主要通过偏见审查人员的意见来确定测验项目是否存在偏见。它不仅可以用于高利害测验(high-stakes test),而且可由任课教师用于不那么正式的课堂测验。另一种是经验的方法,其主要意图是鉴别出那些有区分功能的项目,但这种方法一般需要很多学生样本。我建议,无论是使用自编测验,还是使用他人开发的测验,任课教师都要对可能存在的评估偏见保持高度的警觉。任课教师要在自编测验中发现评估偏见,可使用评判策略。这与所用的评估程序一样重要。

有人讨论了英语熟练水平有限的学生(limited English proficiency,LEP)和有某种能力缺陷的学生的测评问题。在有些情况下,适当调整测评有助于对英语熟练水平有限或有某种能力缺陷的学生给出更有效的推断。在另外一些情况下，则可能需要替代性测评。然而，在重大测评方案中，两种改变策略都不能完全令人满意。

一线教师首先要意识到评估偏见的存在。与一二十年前相比，教育测验中的偏见没有那么普遍了，因为大多数测量专家自从发现存在评估偏见后，就一直努力去消除它。然而，在教师自己开发的典型的课堂评估程序中，消除偏见的系统努力还不十分多见。

所有教师在评估自己或他人开发的评估程序时，必须像例行公事一样，将"克服偏见"作为三大标准之一。例如，你应邀去审查一个高利害测验（如一个地区开发或采用的考试，其结果对学生的生活有重大影响）的质量，你就必须弄清楚，在这个测验的开发过程中，适当的偏见克服方法（评判的方法和经验的方法）是否得到应用。

如何对待自编测验呢？要证明你的测验没有因为学生的性别、种族等特征而冒犯或不公正对待他们，你要付出多大的努力呢？我的建议是你应该在编写项目和审查整个测验的过程中，努力去克服所有评估程序中的偏见，即使是审查那些不是很重要的测验，也应该增强消除偏见的意识。

对于那些比较重要的测验，试着请同事帮你审查评估工具。如果可能，这位同事最好与你的学生属于同一亚群体。例如，如果你的学生是西班牙裔人（而你不是），就应该请西班牙裔的同事帮你审查测验项目，检查它们是否冒犯或不公正对待了西班牙裔学生。当你请同事帮你审查测验是否存在偏见时，向你的同事简单描述你是怎样定义评估偏见的，对审查任务给出简洁说明，并以冒犯和不公正对待为主要表现形式的"克服偏见"问题分析同事给出的评论。

更重要的是,如果你体验到各种评估偏见有多么令人反感,以及在多大程度上歪曲学生的表现(即使评估偏见不是测验开发者有意为之),你将更有可能去消除所用测验中的偏见。与在其他领域一样,在教育中,评估偏见应坚决予以杜绝。

评估什么与如何评估

本节主要探讨两个问题：（1）教师应该致力于评估什么？（2）确定评估内容后，应该如何实施评估？我认为，这两个问题受教师想要通过从学生那里收集数据得到什么结论的影响。

在确定"评估什么"时，教学目标是任课教师确定评估重点的关键因素，特别是那些宽泛的可测量的教学目标，是帮助教师识别潜在评估目标的有用工具。布卢姆在教育目标分类学中提出，学生的学习结果可分为三个领域。这一学说是帮助教师分析教学与评估目标是否局限于认知领域或认知领域中最低层次的有用框架。当教师考虑"评估什么"这一问题时，还要考虑以下三方面的问题：（1）国家权威组织提出的内容标准；（2）全国教育进步评估方案（The National Assessment of Educational Progress，NAEP）的评估框架；（3）同事的建议。

本节对那些需要确定"评估什么"和"如何评估"的教师提供了什么信息？答案很明显。你需要做的就是认真、仔细地思考这两个问题。任何一个有经验的教师在受到一定压力的情况下，都有可能承认自己的教育活动容易受到一些教学定式因素的影响。教师们通常会发现今年的教学比去年的更容易一些，这是因为他们仍在使用去年的旧方法，而没有引进新方法。在评估方面也是如此，因为继续使用去年的判断题比再去设计新的题目要容易得多。

基于采用阻力最小的变革方式是"人之常情"，对教师而言，"第一次就做对"变得更加重要。用更学术一点的说法就是，"避免过于低等的评估概念化"。换言之,教师越早思考"评估什么"和"如何评估"问题,就越可能避免那些因现实压力而持续数年的严重的评估错误。

教师确实需要熟悉教学目标的三个领域。很多教育者在发言中都会引用认知、情感和动作技能三个领域的学习结果。如果你熟悉这些术语,在教师会议上听到有人使用它们时,就不会因为一无所知而显得愚蠢。对教师而言,对这些术语即使略知一二,也是有帮助的。(当然,"知识"在布卢姆教育目标分类体系的认知领域中,是最低层次的。)

此外,教师还应该知道一些宽泛的教育目标。这对确定评估什么很有帮助。不过,太多具体的目标只会让他们变得困惑,对教学和评估并无帮助。教师还应该了解一些包含相关内容标准的文件。不管怎样,最重要的是必须认真确定要评估什么,然后据此评估学生。

选择反应测验

如标题所示,本节的内容是编制选择反应测验题目的方法。你将学习如何编写四种不同的选择反应测验题目:判断题、多重判断题、选择题和匹配题。这四种题型可以帮助教师有效地了解学生的认知状态,也就是对教师所教授知识和技能的掌握情况。

不论是编制选择反应测验题目,还是编制建构反应测验题目,都有章可循。编写时如遵循一定的规则,效果会更好。《圣经》中的"十诫"使用了语气十分坚决的"一定不要"句式。事实证明,这种表述方式能够很好地形塑人的行为。下面我如法炮制,提出规范题目编写的"五诫"。遵守这"五诫"虽然不能让你升入天堂,却能使你的评估方案更加"神圣"。

题目编写"五诫"

1. 在向学生说明该如何作答时,一定不要使用晦涩的语言。
2. 一定不要在题目中使用模棱两可的陈述。
3. 一定不要无意中给学生提供正确答案的线索。
4. 题目中一定不要使用太复杂的句型。
5. 一定不要使用超纲的词汇。

判断题

判断题给学生提供两个可以选择的回答。最常见的判断题形式是正误判断题。最早使用正误判断题的教育家也许可以追溯到苏格拉底(如"正确还是错误：柏拉图是希腊人的一道特别菜名")。判断题还有一些变式,要求学生在是或否、正确或错误、事实或观点等选项之间作出选择。

判断题的优点是简洁,学生可以在很短的时间内完成大量题目。因此,一个简短的判断题测验可以包含大量的评估内容。不过,判断题只有两个选项,即使学生不知道答案,也有50%的猜对机会。这是它最大的缺点。但如果加大题量,这一缺陷可以得到弥补。毕竟,尽管学生可能猜对几道题目,但是想要连续猜对30道题目,那可需要超好的运气。

判断题的编写原则

1. 语言表述要严密,学生如果分析不透彻就会选择错误答案。
2. 尽量不用否定句,坚决不用双重否定句。
3. 每个陈述中只考察一个概念。
4. 正确答案为"正确"或"错误"选项的两类题目数量大致相等。
5. 正确答案为"正确"或"错误"选项的两类题目在长度上大致相当。

多重判断题

多重判断题是由一组题目组成,每个题目又都是一个简单的判断题。这些题目通常(并不绝对)与列在前面的一个或一组陈述有关。从格式上看,多重判断题有点像传统意义上的选择题。不过,在选择题中,学生必须从几个选项中选出一个正确答案;而在多重判断题中,学生必须对一组题目中的每个陈述作出判断。

相关研究指出,多重判断题:(1)能非常有效地收集学生的成绩数据;(2)比其他形式的选择题更可信;(3)能够测验相同的技能和能力,因为各个选项可以处理具有可比性的内容;(4)对学生而言,比选择题稍难;(5)虽然比选择题难,但更有效。教师编写多重判断题时要留心一般判断题的编写原则。不过,以下两个原则也很重要。

多重判断题的编写原则

1. 各组题目之间要有明显的间隔。
2. 确保每个题目都与这组题目的陈述内容密切相关。

选择题

几十年来,选择测验题一直主导着美国和其他国家的成就测验。选择题可用于考查学生的知识掌握情况或更高层次的思维能力。选择题的优势在于它可以将几个正确程度不同的选项包含在同一个题目中,要求学生对各选项之间的细微差别作出区分。选择题的缺点是学生只需要再认出正确答案,而不需要回答出正确答案——这也是所有选择反应题共有的缺陷。选择题尽管遭到很多人的批评,但设计合理的选择题可以考查很多种技能和知识的掌握情况,特别是近几年,它已逐渐成为课堂评估的一个有力工具。

选择题的第一部分是题干。包含正确答案的备选答案称为**选项**。不正确的选项一般称作题目的**干扰项**。选择题题干有两种常见形式,一种是问句形式,另一种是不完整的陈述形式。对于低年级的学生,最好采用直接提问的方式。学生的任务是选择一个符合题干要求的正确选项或者最佳选项。

接下来,让我们看看选择题的编写原则。选择题在过去半个世纪内被广泛应用,已经积累了大量编制经验可供参考。下面给出的是五个经常被引用的选择题编写原则。

选择题的编写原则

1. 题干应该由一个独立的问题构成。
2. 题干不要使用否定句。
3. 不要让备选项的长度透露出正确答案的线索。
4. 随机安排正确选项在备选项中的位置。
5. 不要使用"以上选项都正确"这样的选项,但可以使用"以上都不对"这样的选项来增加题目难度。

匹配题

匹配题由两列词或短语组成,要求学生从右列中给左列中的每一条信息找到合适的、对应的信息。需要从另一列中找到对应信息的条目称为**前提项**,从中作出选择的那部分称为**反应项**。通常,匹配题要求学生根据某种特别的联系,将两列信息匹配起来。

匹配题的优点之一是结构紧凑,占用试卷空间小,便于有效收集信息。匹配题记分也很容易。让学生在前提项前面的横线上写出相匹配的反应项的编号,我们就可以将正确答案的模板放在试卷答案的旁边进行对照。与判断题相似,匹配题的缺点之一是它有时候鼓励学生记忆低水平的事实性信息,因而其有用性在一定程度上受到质疑。说明型匹配题就是这种情况。虽然编制这样的匹配题——如知道每一次战争结束时是哪位美国总统执政真的很重要吗——相对比较简单,但这也是你必须面对的问题,如果你要在课堂评估中使用这种题型的话。

通常,匹配题是教师评估题目中的一部分。但很难想象课堂测验中所有题目都是匹配题。当教师想了解学生的个性化想法时,匹配题就不适用了,因为匹配题需要大量符合匹配形式的条目。

让我们来看看匹配题的六个编写原则。它可以告诉你,当你想在课堂评估中使用匹配题时应该考虑哪些问题。以下就是这些原则。

匹配题的编写原则

1. 每列的条目具有同质性。
2. 使用比较简短的列表,将较短的单词或短语放在右边。
3. 反应项要比前提项更多。
4. 有逻辑地安排反应项的顺序。
5. 说明匹配的要求以及每个反应项可被使用的次数。

建构反应测验

我们现在看到的课堂评估要求学生建构自己的反应,而不是选择已经准备好的答案。我们将依次介绍简答题和论文题。

简答题

我们要看的第一种建构反应题目是简答题(short-answer item)。简答题要求学生用一个词、短语或句子对一个问题或不完整的陈述作出回答。如果某道题要求学生作出一个很长的回答,那它就是一道论文题,而不是简答题。如果某道题只要求学生提供一个词的答案,它就是一道不折不扣的简答题。

简答题适用于评估相对简单的学习结果,例如考查学生知识的获得情况。当然,如果设计巧妙,简答题也可以测量更有挑战性的学习结果。简答题的主要优点是学生需要自己提供一个正确答案,而不仅仅是从几个选项中找出正确答案。学生正确回答选择题要具备的知识水平,并不一定足以让学生给出简答题的正确答案。

如所有建构反应测验一样,简答题的主要缺点是难以给学生的回答评分。学生对题目作出的回答越长,教师就越难准确评分。下面是简答题的五个编写要求。

简答题的编写要求

1. 通常采用直接提问的形式,而不用填空形式,特别是对低年级学生。

2. 题目的答案要简洁。
3. 在需要回答的问题边上或需要填空的句子末尾留出空白。
4. 填空题最好只留一个空格，不要超过两个空格。
5. 确保所有题目的空格在长度上相等。

简答题是建构反应题型中最简单的，却能帮助教师测量重要的知识和技能。简答题比选择反应题更多地考查学生的建构能力，因此可用于测量更高层次的技能水平。虽然简答题比选择反应题更难评分，但实际的评分过程并不是非常困难。因为顾名思义，简答题只要求学生作出简短的回答。

论文题的编制

论文题（essay item）是建构反应题中最常用的一种题型。当教师要求学生根据他们对某个话题的了解写一两段文字，或者写一篇作文描述"最高兴的一天"的时候，教师使用的就是论文题。论文题常常用来考查学生的综合、评价和写作能力。大多数教师在课堂评估中使用的论文题都不尽相同。

论文题的一个特殊形式是写作样本（writing sample）——教师为了评估学生的写作技能，要求学生写一篇作文。因为写作样本题目的编写和评分过程通常与其他论文题都差不多，所以在本节我们把它们放到一起来讨论。假如你知道要求学生写一篇写作样本实际上就是一个表现性测验，那就不难理解我们为什么同时讨论作文题和其他论文题。我们将在后面深入探讨**表现性测验**。

要评价一些复杂类型的学习结果，论文题显然是最合适的。它可以清楚地反映出你想考查的学生写作能力。不过，论文题也有很多缺点。如果你想在课堂中使用论文题,你不仅应该了解它的优点,而且应该了解它的不足。

论文题的一个难点在于这类题想起来容易写起来难。我必须承认,在我当中学教师的第一年,我有时会在去学校的路上想出一个论文题,然后在上课时写在黑板上作为课堂上的论文测验题目。那时,我认为这类论文题目非常好。这当然只是年轻人的自以为是。我很高兴那些题目没有记录下来。现在回想起来,那些题目实在糟糕。我现在明白,编写一个论文题必须经历一个深思熟虑的过程——这个思考过程是不可能在去学校的路上完成的。你看了下面的论文题编写要求就会明白,编写一个好的论文题需要花费很长的时间。你要安排一定的时间来编写自己课堂评估中所用的论文题。

因为论文题的评分(对学生作文的评分)是一个很重要的问题,所以我们将分别讨论题目编写和评分的问题,单独给出评分中应该注意的原则。就像后面两节中将提到的一样,学生的答案越复杂,评分时就需要花费越多的精力。你最好不要对不是自己编写的论文题进行评分。让我们来看看论文题的五个编写要求。

论文题的编写要求

1. 向学生指明题目要求答案的展开程度。
2. 清楚地描述学生要完成的任务。
3. 告诉学生每个题目需要花费的大致时间以及分值。
4. 不要让学生自由挑选题目作答。
5. 事先通过打腹稿或实际写作的方式评判题目质量。

当然，编写出精彩的论文题目后，给学生论文评分也需要遵循几条原则。

论文题的评分原则

1. 用整体的或分项的方法评分。
2. 在评阅学生的答案之前制定评分要点。
3. 在评分之前考虑写作技巧的重要性。
4. 对所有学生的同一题目评分后再评下一个题目。
5. 尽可能匿名评分。

整体评分（holistic scoring）策略，顾名思义，关注论文题答案（或作文）的整体情况。夸张点说，使用整体评分策略的教师可能毫无系统，凭着"整体印象"对所有学生的回答进行评分。不过，较系统的整体评分策略是指教师在评分之前确定一些独立的评分标准，然后按照各个标准对每篇文章进行整体评分。通常，每个标准上的得分在4~6分（有些评分标准要求给予更高的分数，有些给予更低的分数）。教师首先需要仔细考虑答案中应该包含哪些要素，然后才可以对每个学生的回答进行评分。

与整体评分相对应，分项评分（analytic scoring）则是尽量注意细节，具体到每个标准的评分方法。举个例子，假如教师使用分项评分而非整体评分给学生的作文评分，就必须使用分项评分指导。对于评分指导中的每个要点，教师必须给出一个特定的分数。

分项评分的优点在于它可以帮助你发现学生回答中特别的优点和不足，而且可以依据评分给予学生更多细节上的反馈。其不足之处在于，教师有时可能过于关注评分中的一分、两分，计较一字一句,就像只见树木(每个评分标准)而不见森林一样(整体的质量)。也就是说,教师可能因为过分注意每一个评分标准,而忽视论文"作为一个整体"的交流功能。

  还有一种比较折中的方法。教师可以先用整体评分策略对所有学生的回答评分,然后对那些被评为不合格的回答再进行分项评分。经过分项评分,教师可以得到更多关于不合格回答的细节性评定信息。这种混合评分方式可以给予那些在整体评分中表现较差的学生更详细的反馈信息,既发挥了分项评分的优势,又通过整体评分弥补了分项评分的不足。

表现性评估

20世纪90年代早期,很多教育决策者钟情于表现性评估。**表现性评估**(performance assessment)通过让学生完成具体任务来测量他们的状态。当然,从理论上讲,学生在判断题中选择"正确"或"错误"也是在完成任务,尽管这一任务很简单。但是,支持者认为,表现性评估的测量方法与选择题测验有很大不同。实际上,正是对传统的纸笔测验的不满促使许多教育者尝试表现性评估。

在探讨表现性评估如何实施以及教师如何应用前,我们首先要了解这种评估方法的主要特点。尽管前面提到过的各种教育测验都要求学生以某种方式完成任务,但当谈及表现性评估时,绝大多数教育者认为,在这种评估中,学生需要建构一种原创的反应。除此之外,测验人员(如教师)还要观察这一建构过程。

不同的教育者用"表现性评估"这个词表示不同的评价方法。有些教师认为,简答题和论文题是表现性评估的形式。换言之,这些教师将表现性评估等同于各种形式的建构反应评估。有些教师则使用比较严格的表现性评估概念。很多表现性评估的支持者认为,真正的表现性评估必须至少具备以下三个特征:

多重评估标准。必须使用多个评估标准来评判学生的表现。例如,要从语音、句法、词汇三个方面来评估学生的西班牙语能力。

预定的质量标准。用以评判学生表现的每一条评估标准,都必须在评判之前就十分具体、明确。

主观的评估。真正的表现性评估与选择题的评分不同,它不能借助计算机和扫描仪,而要依靠人的经验和智慧来确定学生表现的可接受程度。

很多表现性评估的支持者指出,提供给学生的任务应当是能代表真实世界而不是学校世界的问题;其他支持者则认为,学校世界的测量都应是建构反应的,而不是选择题;还有一些支持者主张,表现性评估中的任务应当是十分严谨的,要以布卢姆的教育目标分类学为指导。总之,表现性评估的支持者主张的方法实际上是各不相同的。

你有时可能会遇到有人使用其他词来称呼表现性评估。例如,有人可能会用"真实性评估"(authentic assessment)(因为评估任务比较接近真实的生活)或"替代性评估"(因为这种评估是传统的纸笔测验的一种替代方式)等词。下一节将要介绍的档案袋评估是表现性评估的一种类型,不能被看作表现性评估的另一种称呼。

表现性评估要求学生完成少量比较有意义的任务,而不是大量并不重要的任务。例如,在化学测验中,学生不用再像原来那样完成50道选择题,而是在化学课上操作一个实际的实验,然后撰写报告分析实验程序和解释实验结果。在化学教师看来,评估每个学生的学习状况,必须依据学生在完成某个单一或复杂任务中的表现,而不能依据学生在选择题测验中的成绩。正是由于表现性测验任务具有重要意义,教师在选择表现性评估任务(performance-assessment tasks)时必须非常谨慎。通常而言,任课教师既可以自己设计表现性测验任务,也可以根据需要从现成的表现性测试任务中选择。

近年来,人们常把表现性测验中的学生反应评分程序称为评分规则,或简称为**规则**(rubrics)。这种评分规则至少有三个方面的特点：

评估标准。评分规则中包含用来确定学生反应质量的各种指标。

评估标准的质量差异描述。每一条评估标准都要有具体描述,以便对照标准就可以清晰界定学生反应的质量差异。

对使用整体评分还是分项评分进行说明。评分规则必须说清楚,评估标准是以整体评分的形式集合在一起使用,还是以分项评分的形式逐条使用。

应该说,确定评估标准是编制评分规则过程中最重要的任务。假如你现在要编制一份表现性测验的评分规则,切记不要对学生的反应质量提出一长串要求。我个人认为,在每个规则中列举三四个评估标准已经有点多。如果你的评估标准很多,就按照重要性对这些标准排序,留下两三个重要的,其余的全部去掉。

接下来的工作是用语言描述学生有怎样的反应算是优秀的或不理想的。这种描述到底要细致到什么程度,取决于你的需要。切记,你设计的评分规则只适用于你自己的课堂,而不是全州性或全国性的测验。为了让评分规则编制工作不那么令人厌烦,要用简短的描述说明各种不同反应的质量差异。这样的评分规则你可以使用,而且如果你有足够的教学机智,你的学生也可以用。

最后,你要决定是在考虑所有评估标准的基础上给学生一个总分(整体评分),还是依据标准逐项评分(分项评分)。整体评分的优点是评分速度快,缺陷则是在与学生交流评分结果时很难说清学生的不足在哪里,尤其是那些表现很差的学生。相对而言,分项评分更有可能提供精确的评分和有针对性的反馈。有些任课教师已经将两种评分方法的优势结合起来。具体的做法是先对学生的反应进行整体评分,然后(为了提供有针对性的反馈)再对表现较差学生的反应进行分项评分。

表现性评估已经有很长一段历史。但是最近几年,越来越多的教育者开始强烈地支持使用表现性评估,这主要是因为:(1)表现性评估是传统的纸笔测验的替代方式;(2)表现性评估的任务通常比较真实,即学生在真实世界也会遇到类似的问题。对于表现性评估,你需要理解的是,因为表现性任务与你想要去推论的行为领域更接近、更一致,因此得出的有关推论就更准确。另外,值得一提的是,表现性评估确立的目标通常会影响教师的教学,对教学活动有积极影响。

你要意识到,表现性评估需要学生付出相当多的时间,而教师根据学生的有限表现得出的结论也未必可靠。此外,你还要知道,开发一个好的表现性测验并不容易。确定合适的表现性测验任务,找出合适的评估标准,并为每一条标准编制评分量表,都需要严谨思考。当然,一旦开始实施测验及相关的评分程序,你就要给学生的表现评分。这比给大量选择题评分要花费多得多的时间。

档案袋评估

"评估应该是教学的一部分,而不是脱离教学的。"这已成为绝大多数赞同使用档案袋评估(portfolio assessment)的教育者的共识。尽管档案袋评估进入教育测量领域的时间不长,但作为传统教育测验的一种替代方式,它引起了教育者的广泛关注。

档案袋是个人作品的系统收集。在教育领域,档案袋指学生作品的系统收集。尽管档案袋在教育领域还是新生事物,但在许多年前就已在其他领域被广泛使用。实际上,档案袋是某些专业人士展示技艺和成就的主要方式。摄影师、画家、记者、模特、建筑师等都曾将档案袋用于这一目的。档案袋的一个重要特点是不断更新,以反映个人成就和技艺的进步。档案袋受到那些对传统评估方式没有热情的教育者的热烈欢迎。

尽管在课堂中创建和使用档案袋的方式很多,但你会发现,以下七个步骤是启动档案袋评估的合理选择。将这七个步骤结合在一起,就抓住了基于课堂的档案袋评估的关键组成部分。

1. 确保你的学生"拥有"自己的档案袋。为了使档案袋准确反映学生作品的发展历程,培养学生的自我评估能力,必须让学生认识到档案袋是他们自己作品的集合,而不只是收集教师要评分作品的临时容器。假如档案袋评估不是在全校范围内使用,或者学生还不熟悉档案袋的使用,教师要向学生介绍档案袋的不同功能,以使学生了解档案袋的概念。

2. 决定收集什么类型的作品样本。档案袋可以收集不同类型的作品样本。显然，这些作品会因学科而异。一般来说，可供选择的作品是相当广泛和多样的。教师可以与学生一起讨论决定档案袋里要收集些什么。

3. **收集和存放作品样本**。学生在完成指定作品后，要将其收集起来，放进一个合适的容器（如文件夹和笔记本），然后将之存放在文件柜、储物箱或其他合适的地方。必要的时候，教师要帮助学生决定是否将某个作品装入档案袋。档案袋内容如何组织，取决于所收集作品样本的性质。

4. **选择评估档案袋作品样本的标准**。教师要与学生合作，提出可以用于评判档案袋作品质量的标准。由于学生的档案袋作品各不相同，所以制定评估标准并非易事。此外，评估标准——至少是主要评估标准——必须相互独立，否则学生很难评估他们的努力和进步。评估标准一经确定，还需要有明确的使用说明，就像"表现性评估"部分提到的标准说明那样。

5. **要求学生不断评估自己的档案袋作品**。要确保学生能依据既定的标准评估自己的作品。在教师指导下，学生可以整体评分、分项评分或将两者结合起来的形式评估自己的作品。这种自我评估可以成为学生的日常工作。学生用一张小纸片简要地写下自我评估意见，包括作品的主要优点和不足，以及对此进行完善的设想。千万记住，让学生在自我评估表上写下日期，以便追踪学生自我评估能力的进步情况。每一张自我评估表还必须与相应的作品订在一起存放。

6. **安排和举行档案袋会议**。档案袋会议需要不少时间，但教师与学生之间关于学生作品的这种交流，对发挥档案袋评估的潜在功能具有十分关键的作用。这种会议不仅要评估学生作品，而且要帮助学生提高自我评估能力。教师要尽量多举行这种会议。为提高效率,要让学生在会前做好相关准备。

7. 调动家长参与档案袋评估过程。新学年开始时,教师要帮助学生家长理解档案袋评估过程的性质。教师还要鼓励学生的家长或监护人定期回顾、评论其子女的作品样本及子女对作品的自我评估意见。家长越是积极地回顾、评论学生的作品,学生就越能感受到档案袋应用的重要性。如果教师愿意,还可以让学生选择他们的最优作品组成一个展示型成长档案袋,也可以直接使用学生的作品档案袋。

这七个步骤只是教师创建档案袋最为关键的活动,在实际操作中可能还需要各种各样的变化和修饰。

正如在开始介绍测验题目类型时所言,你对各种类型的测验题目越熟悉,就越有可能选择最适合的评估方法来获得关于学生丰富且有用的信息。前些年,很多教师还没有把档案袋看作一种可选择的评估方法。但如今,档案袋评估已被广泛使用,并显示出强大的生命力。

要想让档案袋评估成为你教学的好助手,就必须将之作为你教学活动的核心,而不是可有可无。档案袋评估的基本假设是,精心收集反映学生不断进步的作品可以帮助学生和教师了解学生的进步情况。如果教师没有经常收集学生努力的证据,就很难准确地把握学生的发展与进步。

从教育角度看,将档案袋当作评估短期教学目标的一次性测量方法是不明智的。选择一些重要的目标,如发展学生的写作能力,然后监控学生在整个学年的学习情况,就会收到良好效果。你还要意识到,尽管档案袋能够改善课堂教学和测量,但将档案袋用于大规模评估还要十分谨慎。

多数专家都相信,档案袋评估的最大优势是提高学生评估自己作品的能力。如果这是你使用档案袋评估的目标之一,你就必须有意识地培养学生的自我评估能力,而不是为了评估学生而简单地将学生作品收集起来。

上面提到的档案袋评估中的七个关键步骤只是创建档案袋的一种方式。根据实际情况修订这七个步骤不仅是可能的,而且是值得提倡的。利用档案袋评估细致地评估学生在一段时间内的成长和进步才是最重要的。关于时间,我要提醒大家,合理使用档案袋比完成数量庞大的正误题要花费更多时间。如果你决定使用档案袋评估,就必须评估一下,在你的教学情境下,你的各种投资是否能够获得足够的教育效益。

情 感 评 估

多数教育者都认为情感变量非常重要。例如,学习态度对学习动机有很大影响;学生在真诚与正直方面的价值观影响着他们的日常为人;自尊心则几乎影响到他们所做的每一件事。无疑,所有教育者都要关心学生的情感状态。

但事实上,几乎没有教师会有意识地培养学生的态度和价值观,对学生的情感状态进行评估的教师更是凤毛麟角。当然,有的教师也曾观察到学生的某些反常举止,并得出结论说"这个学生心情不佳"或"那个学生垂头丧气",但很少教师会系统收集相关证据来评估学生的态度和价值观。应该说,对情感的系统评估是相当少的。

你可能会问:为什么要评估态度?许多教师,尤其是所教学生年龄较大的教师,认为自己的使命就是教给学生知识和技能,至于情感,那是教师很难影响的。但是,如果一个学生做数学题就像魔术师变魔术一样流畅,可他就是不喜欢数学,那么他就不会将所学的数学知识用于实践。同样,如果一个学生写的论文很出色,他自己却认为很糟糕,那他也不会花很多时间坚持写论文。

我想先把自己对这个问题的看法亮出来,以免你觉得我在无意识地影响你。我个人认为,情感因素比认知因素重要得多。举例来说,你看到有多少人虽然智力够不上"天才",但由于动机强烈和工作勤恳,也取得了很大成功?相反,你看到有多少人本身十分能干,但因缺乏自信而不敢迎接挑战?几乎每一天,我们都会感受到情感状态对人的各种影响。情感状态比认知能力更重要。

你有没有发现,许多幼儿园孩子进入学校的时候,都充满热情和进取心。但是几年后,相当数量的学生不再那么喜欢学校,自信心也开始下降。我已经留意到这种情况,学生的这种变化主要体现在情感上。当多数幼儿园孩子升入小学时,他们对学校和自己充满了热情。然而,在有了一两次考试或作业不合格后,他们中许多本来十分乐观的人在自我概念上发生了消极的转变。他们不断尝试,但总是不合格。有了对学校和自我的消极态度,儿童方方面面的发展都会受到影响。但值得注意的是,由于很少有教师去评估学生的情感状态,所以多数教师对学生的情感状态了解甚少。我认为,这种情况必须改变。

即使没有教育效果评估,学生的表现在高利害评估中没有作为一个反映教育效果的指标,成就测验测什么也会影响教师教什么。当我还是中学教师的时候,我知道年终测验会考哪些类型的题目(也就是说,当学生第一年的测验刚结束,我就知道第二年学生参加测验前我要教什么)。由于希望我的学生能在年终测验中取得好成绩,我会努力在年终测验所涉及的内容方面花一定的时间指导学生。情感评估也是如此。例如,为了了解学生是否对你所教学科感兴趣,我们采用一个直接的前后测评估设计,去评估学生在态度方面的变化。如果你知道有个正式测验要评估学生与学科有关的兴趣,你肯定会调整你的教学,从而使学生对你所教学科的态度变得积极。

换言之,在教学后对情感进行测量会使你在教学过程中关注学生的情感,开展培养学生情感的有关活动。从某种意义上说,你在对自己以及其他你认为需要理解你的教学目标的人说,情感表现非常重要，需要正式评估。即使只有你在课堂上评估学生的情感，而其他人还没有这样做，你也会认识到，需要进行评估的情感的某些方面十分重要，很可能影响你的教学。我在前面说过，我认为培养学生情感的教学所关注的教学目标在情感方面的体现是非常重要的。

如前所述，我们测量我们认为重要的东西。如果我们真的认为情感表现需要改善，就要做好准备去实施测量。

完善教师自行开发的评估工具

如果你参观过大英博物馆的手稿珍藏室,你一定会看到一些英国文学家的手稿。这是一段激动人心的经历。令人高兴的是,这一博物馆不仅展示这些作家(如弥尔顿和济慈)创作的名著终稿,而且展示他们作品的初稿。其实,这些文学巨匠在创作过程中也要删除一些单词,去掉一些句子,或替换一些短语,他们的作品也不是一气呵成的。这确实让我们感到有点意外,当然也受到某种鼓舞。博物馆中展出的许多作品初稿都是乱七八糟的,反映出作者做了很多修改。连这些文学巨匠都要对自己的作品反复进行修改,那教师完善一下自行开发的课堂评估工具就不足为奇了。

为了帮助大家改进和完善自行开发的评估工具,本节将介绍几种具体方法。我敢保证,如果你用了我建议的方法,你的测验将会变得更好。不过,它们可能永远不会被放进大英博物馆——除非你参观时自己带去。

本节介绍的完善评估测量的方法主要有两种。第一种是评判性题目完善(judgmental item improvement)方法。在这种方法中,要依靠人的判断力来改进测验,包括你自己和他人的判断力。第二种是经验性题目完善(empirical item improvement)方法,教师要依据学生对评估工具的反应来改进测验。理想地说,如果你有时间,而且十分愿意的话,你可以使用两种形式的测验完善方法来改进你的课堂评估工具。

尽管人类的判断力优势会给我们带来很多麻烦,但它是一种相当有用的工具。完善测验的评判性方法既可以非常系统地实施，也可以相当随意地进行。评判性评估完善方法会因评判主题不同而有很大的不同。关于测验完善的评判意见主要有三个来源：(1)你自己；(2)你的同事；(3)你的学生。下面列出的五个标准将会帮助你系统地完善自己的课堂评估工具。

符合特定题目编写指南和一般性题目编写要求。当你考查自己的评估工具时，回顾一下前文讲过的一般性题目编写要求和特定题目编写指南将十分有用。如果你发现有题目违反了其中的某一原则，就要进行适当的修改。

对推论有所贡献。教师评估学生的真正原因是为了根据分数推断学生的状态。你应该重新考虑已开发评估程序的各个方面，看一看它是否在事实上真的如你所期望的那样对推论有所贡献。

内容要准确。有这样一种可能性，以前很准确的内容会被新内容取代或与新内容冲突。你要检查你以前开发的评估工具中的内容是否仍然很准确或答案是否仍然正确。

内容没有遗漏。这一标准使我想起我非常喜欢用的一个词——遗漏(lacunae)。遗漏是指空隙(gap)。尽管"空隙"一词简单易懂，但必须承认，与遗漏相比，它有些浮华。"事后诸葛亮"是句俏皮话。当你第二次去看自己的评估工具所代表的内容范围时，你可能会发现某些原本很重要的内容被你忽视了。这一标准与对推论有所贡献的标准有很大的关系。在内容上的遗漏很可能会降低你的推论的准确性。

公平。尽管你在开发评估工具的时候也试图尽可能消除偏见，但还是有可能出现一些问题。考虑评估中可能的偏见可以确保你尽已所能地消除偏见。

要完善你自行开发的评估工具，除了基于评判的方法，你还可以采用经验的方法，也就是以学生对评估工具的反应为基础的完善方法。许多经验性题目的完善技术已经使用很多年。例如，你可以根据答对某个题目学生的比例考虑题目的难度。你还可以考查哪些学生在某项测验中答对了，即学生在整个测验中分数的高低。所有这些项目改善指数在大多数教育测量教科书中都有涉及。

教学导向评估

教师测验学生是为了更好地作出教育决策。至少,他们应该这样做。

在这里,我将描述两种能显著提高教师教学质量的策略。这两种策略都受课堂评估的影响。在诸多基于评估的教学质量提高策略中,有一种是广大教师熟知的,尽管并非所有教师都在使用;还有一种鲜为人知。

这两种基于评估的教学质量提高策略具体是:

策略一:根据评估结果,作出教学决策。教师总是在对学生进行评估,明确相关状况后,才作出教学决策。

策略二:设计教学以达到测验所导向的教学目标。教师总是深思熟虑地设计教学,以提高学生的知识、技能和情感水平。

我们现在来分析这两种有助于教学的策略。

如果教师真的接受这样一个观点,即教师的教学决策要充分考虑学生的评价表现,那么他们通常会发现,三个主要的教学决策都能做得更好。表1-1列举了这三种教学决策。

表1-1 基于学生评估成绩的教学决策种类

决策种类	典型的评估策略	决策选择
先教什么	在教学前评估	是否为特定目标提供教学
达到特定目标需要的教学时间	在学生学习过程中评估	是否需要调整既定教学目标
教学安排的实际效果如何	比较教学前后学生在评估中的表现	下次使用这一教学安排时,是否需要保留、删减或调整

由于人们高度关注学生在全州性和全学区性考试中的表现，我们也清楚地看到，人们也高度关注学生在教师进行的课堂测验中的成功信息。许多教育管理者和政策制定者相信，如果说学生在全州性考试中的表现可以反映出一所学校的教育效果，那么课堂评估中学生的良好测验结果也将证明教学的优秀。反之亦然。作为教学效果的证据，在任意一种课堂测验中学生不断提高的表现都越来越受到重视。学生在课堂测验中的表现作为学生学习情况的证据，也正日益广泛地运用于教师的人事评估。教师教学能力的评定至少在一定程度上是由其所教学生在课堂评估中的表现来决定的。

假如管理工作越来越依赖学生的测验成绩，并将其作为评估教师教学效果的指标，那么教师重视运用教学测验也就是很自然了。显然，测验已开始影响教学。教师不仅越来越多地承认测验内容能够影响他们的教学，而且认为测验内容应该引导他们的教学。

如果测验应该影响教学，那么设计教学前为何不进行课堂测验呢？照这样，任何考虑到测验内容而设计的教学程序都能获得更好的效果。换言之，为何不在教学设计前使用课堂评估，并且以一种有利于形塑教学设计的方式来使用它？也许你已经猜到，这种方法就是基于评估的有助于提高教学质量的第二种策略的实质。以下是两种教学方式的比较，传统的会影响评估的教学与受评估影响的教学是不同的，正如图1-1所示。

传统的教学设计方法是一种教学影响评估的方法，采用这种方法，教师：(1) 受到该州或该区所采用的课程的指导；(2) 设计教学活动是为了促进课程提出的目标的实现；(3) 对学生进行评估。

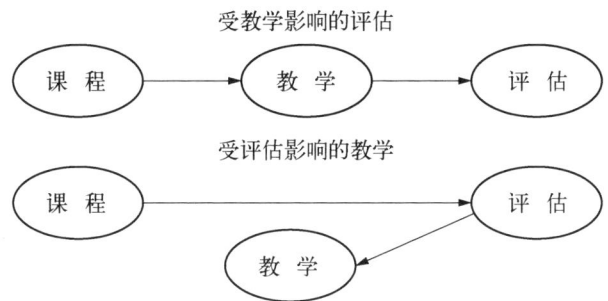

图 1-1 传统的受教学影响的评估与受评估影响的教学,两者均受制于课程

而图 1-1 显示的受评估影响的教学设计方法中,教师:(1)以课程提出的教学目标为出发点;(2)再转而创设基于教学目标的评估;(3)然后设计教学活动,提升将被评估的知识、技能和态度。上述两种方法中,课程都是起点,教育目标或内容标准仍然控制着整个教学过程。但在这两种形成对比的教学方法中,教学设计过程和评估过程是颠倒的。

标准化测验分数的解释

任课教师不仅应能解释自编评估工具的测验结果,而且要能解释他们经常给学生实施的各种标准化测验的结果。教师只有做到这一点,才能根据测验结果来制定教学决策,并自如地应对学生家长的各种提问。例如:"我孩子的年级当量分数是 7.4,这意味着什么?"或"我孩子的学业成就测验结果为第 97 个百分位数,剩余的 3 个百分位数是从最高还是从最低算起的?"

本节集中讨论学生的标准化学业成就和能力倾向测验分数的解释问题。我们首先要讨论的是由商业测验公司设计和发布的学业成就测验(例如数学和阅读方面)。当然,学业成就测验也有由州教育部门设计并实施的,主要是关于诸如社会研究、科学、数学、阅读和写作等课程的评价方案。这些全州性的测验通常使用与商业性标准化成就测验类似的报告方法。

标准化测验是以标准化方式施测、记分和进行解释的。设计标准化测验是为了获得常模参照或标准参照的结论。几乎所有全国性的标准化测验都是由商业测验公司提供的。这类公司中的绝大多数是营利性的。当然,也有少数是非营利性的,如教育考试服务中心(Educational Testing Service,ETS)也提供全国性的标准化测验。无论是评估学生的能力倾向还是学业成就,几乎所有的全国性标准化测验都提供常模参照性解释。

在很多州,标准化学业成就测验是在州教育部门的资助下开发出来的。设置全州性的测验(很显然也是以标准化方式施测、记分和解释的），通常是为了满足教育问责的法律要求。在某些情况下，关于个别学生的一些重要决定往往也是根据其测验表现作出的。例如，在很多州，如果一个学生在高中毕业前没有通过规定的全州性基本技能考试，那么即使他其他所有课程都是合格的，也得不到毕业证书。另外，即使不存在这种情况，学生的测验分数也要在其所属学区或学校公布。这样，至少在很多市民的心目中，测验结果就成了衡量当地教师教学效果的指标。由州设置的标准化学业成就测验一般都要提供标准化参照性解释。州教育部不开发教育性的能力倾向测验。

尽管传统的标准化测验几乎都由选择反应题目组成，但近些年来，设计者已试图在他们编制的测验中加入更多的建构反应题目。由于标准化测验用途广泛，因此编制这类测验比课堂测验要谨慎得多（代价也更高）。尽管如此，你在前面学到的测验编制基本知识还是可以用于标准化测验的编制的。换言之，编制这种测验的人同样要遵守你所学的测验题目编写和修改规则。标准化测验选择题的编写者与你一样，也很担心无意中为应试者提供了引出正确答案的线索。另外，简答题的编写者还要尽量避免使用含混的语言。

当然，与一般课堂测验相比，编制标准化测验所需的努力程度是不同的。商业性测验机构要安排一群题目编写者和编辑者来编制一个新测验，而你要幸运得多，因为其他教师有可能成为你的助手，你也可以找到一个听你安排的伙伴来帮你校对测验中的印刷错误。

因为在你的职业生涯中，你肯定会遇到标准化测验分数，至少会以某种方式遇到，因此你需要对如何解释这些分数有一个直观的认识。描述一组数据最普通的方式是提供集中量数（通常为平均数、中位数）和差异量数（通常为标准差、全距）。你很可能要么得描述你所教学生的测验表现，要么得理解关于另一个学生团体（例如你所在学校或学区的所有学生）测验表现的描述。

测验准备工作注意事项

本节要讨论一个与评估有关的重要问题。一二十年前,教师还不需要考虑这个问题,但是现在,他们不得不严肃地面对该问题。面对提高学生成就测验成绩的压力,一些教师开始尝试一些富有争议的测验准备工作。比如,近几年的一些报告提到,教师和管理者已经有意识地用真实的测验指导学生准备测验,尽管这些测验是保密性测验。甚至有报告说,有的教师涂改学生的错误答案。有的教师在高利害测验中的作弊行为导致他们失去了自己的教师资格证书,同时也失去了工作。让人难过的是,像上述这些违反测验保密工作的行为不再是个别现象,而是一种相当普遍的现象。

两条评价准则

教师可以依据两条评价准则来判断测验准备工作是否恰当。综合考虑这两条准则,教师就可以判断测验准备工作的恰当性。下面是第一条准则——**专业伦理准则**(professional ethics guideline)。

专业伦理准则

任何一种测验准备工作都不能违背教师职业道德规范。

第一条准则不允许教师有任何不道德的测验准备工作。当然,道德行为并不局限于一般的道德范围内,还体现在具体的职业要求中。例如，内科医生不仅要遵循一般的道德规范，如诚实、对他人所有权的尊重，而且应该遵守医生的职业道德规范。同理，教师的测验准备工作也不能违背一般的道德规范，例如不能偷窃、作弊、撒谎等。另外，教师还应严格遵守职业道德规范，因为他们还"代替父母"(in loco parentis)，承担着给学生树立榜样的责任。

还有一个值得注意的问题是，如果教师的测验准备工作引起了公众的注意，从而败坏了教育专业的声誉，那么这种行为也是不道德的。从长远来看，这种行为影响了公众对学校的信任，从而影响了他们对学校的资助。因此，这种影响公众支持的行为终将导致教育专业效力的降低。

根据专业伦理准则，教师行为不能违反各州关于高利害测验保密性的规定。越来越多的州已经制定并颁布了相应的法律，如果教师违反这些规定，那么他们的教师资格证书就会被吊销。因此，教师不能从事不道德的测验准备工作，因为这可能会给个人带来不利的影响（如教师资格证被吊销），也会给教师职业造成不利影响（如市民对公立学校信任度的降低）。教师行为不能有悖于测验准备工作的专业伦理准则，最重要的原因是，这样的行为是错的。

第二条准则是**教育辩护准则**(educational defensibility guideline)。

教育辩护准则

任何一种测验准备工作都不能只提高学生的测验成绩，而不相应地提高学生对被评价领域内容的掌握水平。

第二条准则强调，教师必须从事教育中对学生影响最大的教学工作。例如，教师不应该人为地提高学生的测验成绩，而不重视提高学生对被评价领域的知识或技能的掌握水平。

如果测验准备工作不恰当,就会造成学生学业成就水平(比实际水平)高的假象。测验结果不再反映学生对被评价领域知识或技能的掌握水平。因此,如果有学生事实上并没有掌握某个领域的知识或技能,但也不能得到适当的指导,其结果是在教育上亏待了这位学生,因为不恰当的测验准备工作高估了他们实际的掌握水平。由于这种测验准备工作剥夺了学生受教育的需要,所以被问责时就无法辩护。

如果你和别人讨论测验准备问题,肯定有人会说"为测验而教"(teaching to the test),但是那个人一定不能是你,原因在于:

"为测验而教" 有两种截然不同的含义。第一种含义表示教师给学生教授测验所代表的知识、技能和情感,或者说教师的教学就是为了让学生掌握真正测验所代表的知识和技能。这是一种相对好的教学。第二种含义是指教师直接教具体的测验题目。这种做法是不恰当的。

这样,如果有人说"为测验而教",我们就不知道是指前者还是后者。如果在有关测验准备的讨论中出现了这种模棱两可的话,那么这种讨论就只能以失败告终。

为此,我提醒你不要说这种模棱两可的话,而应该说"为测验题目而教"(teaching to the test's items)或者"为测验所代表的内容而教"(teaching to the content represented by the test)。为了强调这一点,我总结为:

绝对,绝对不要说:

"为测验而教。"

而应该说

"为测验题目而教",

或者说,

"为测验所代表的内容而教"。

教师教学评估与学生成绩等级评定

评估是关注教师教学有效性的活动,而划分等级的目的是让学生知道他们的表现。形成性评估与终结性评估相对。形成性评估关注教师教学质量的提高,而终结性评估的目的是决定是否继续聘用教师等。教学前后测验这一范式是根据测验结果来评估教学质量,比较直截了当。不过,在如何收集和确定前测与后测分数时,要小心谨慎。

学生标准化成就测验成绩误用的主要原因是:(1)测验内容与教学内容不匹配;(2)排除重要测验题目的倾向;(3)学生成绩归因于下列几个因素的程度很难确定:(a)学校的学习,(b)学生家庭的社会经济地位,(c)先天的学习能力。因为使用标准化成就测验评估教学可能会得出错误结论,所以教师应该尽快:(1)提出更可信的教学质量评估标准;(2)让家长和教育决策者明白提出更有说服力的评估依据的重要性。

在学生成绩等级评定部分,我们建议,教师应该说明评定标准及其相应的权重。四种等级评定方法分别是绝对评定、相对评定、基于能力的评定和通过/未通过评定。

如果说有两种教育活动中的学生评价结果很重要,那么这两种教育活动就是教师教学评估与学生成绩等级评定。教师评估自己的教学质量时,一个很重要的依据是学生在课堂评价中的表现情况。教师给学生评定等级时,一个很重要的考虑因素应该是学生在课堂评价中的表现质量。

你应该知道，在你根据学生的测验结果评估自己的教学效果时，决定你学生表现的因素是你所教学生的情况。前测—后测评估范式也不能回避这个问题，因为教师所教的学生存在个体差异。在形成性评估中，学生的初始水平不同不会造成很大问题。但在终结性评估中，我们应该考虑到，教师不同，其所教学生的学习动机和能力也就不同。如果一个人要评估一位教师的能力是否得到了提高，那应该在该教师特定的教学背景中进行。一个比较有效的解决办法就是使用分半置换设计（split-and-switch design）。

通过本节的学习，你首先应该认识到，传统的标准化成就测验——即在全国使用的教育问责测验——不能用于评估教学质量。你应该知道，为什么这种测验不能服务于评估教学质量这一目的。一旦你知道其中的原因，你就会知道，教育工作者需要提出更有说服力、更可信的评估依据。公众有权利知道他们所缴纳的税收利用情况，但是公众没有权利使用错误的标准评估教学质量。

关于等级评定问题，你应该注意确定评估标准及其相应的权重。但是，在你进行等级评定时，你可能会忘记这些问题。然而，由于等级评定要求教师作出判断，所以你只能尽可能做到最好。

第二部分

行动研究

行动研究导论

行动研究(action research)是在真实的学校或课堂环境下,为了理解和提高教育、教学质量而开展的研究(Johnson,2002)。它是教师观察自己实践或探索问题与可能的行动方式的系统且有效的途径。行动研究也是一种提前设计、精心组织并可与他人分享的探究方式。

行动研究概览

行动研究有五个关键步骤或要素:第一,提出一个需要"解答"或"解决"的问题,或者确定一个探索的领域。在这里,你确定想研究什么。第二,确定收集什么样的数据,以怎样的方式收集以及多长时间收集一次。第三,收集并分析数据。第四,确定如何应用这些研究成果。在这里,你要根据研究发现设计你的教育、教学行动计划。第五,与他人分享你的研究发现和行动计划。

行动研究是一个并非总是沿着线性路线前进的循环过程(Patterson & Shannon,1993)。你可能会发现自己把某些步骤重复了好几次,或者将这些步骤颠倒。当然,有些行动研究项目还包括第六个步骤,那就是将研究发现或问题放在理论背景中。这就是文献综述。所有这些步骤都将在后文详细说明。

行动研究的特征

下面的九个特征也许能帮助我们更清楚地了解行动研究。

1. **行动研究是系统的**。行动研究并不是一种"随心所欲"的研究方式。它不是简单地说明你对某个主题的想法,不是描绘一个你创造的设计或装置,也不是解释你课堂中非常有效的教育方法。行动研究是对自己的教学有计划和有组织的观察。

2. **你不应从答案开始**。任何研究的前提假设是在你开始研究的时候并不知道研究结果,而且你是一位没有偏见的观察者。毕竟,如果你有答案,那还有什么必要做研究呢?

3. **并不是非要复杂、精致的行动研究才被认为是严格和有效的**。一个精心组织和简要说明的研究胜过莫名其妙和复杂多样的研究。坚决不要将量化或复杂程度与研究的精确性和质量对等。如果在你的研究中包含过多的材料或细节,你可能迷失其中而无法找到自己想要的,而且别人可能不会阅读或理解你的报告。

4. **你必须在收集资料前精心制定研究计划**。系统探究区别于直观印象(impressionistic view)之处是在你开始收集数据前就有一个计划或时间表。

5. **行动研究项目历时长短不一**。行动研究中收集数据的多少取决于你的研究问题、研究性质、研究环境和数据收集的范围。对于短小的行动研究项目,我建议任课教师收集数据时间不少于两周。对于本科生,我们也有一些非常有趣的研究项目可以持续一到两个学期。对诸如要撰写硕士论文或学术论文的主要研究者而言,大概需要两个月到一个学年。请注意,如果你收集数据的时间过短,就存在研究结果无法反映教育情境的危险。

6. **观察应该有序,但不必过长**。观察时间可以在一分钟到一个多小时之间。在有些观察中,你需要记下观察的日期、时间和主要内容,当然有些观察持续更久,记录也更正式。观察时间虽然不一定要长，但一定要提前计划，前后有序。

7. **行动研究项目在一个从简单、非正式到复杂、正式的连续体上**。如前所述，有些非常有趣的行动研究项目非常简短。行动研究的新手应该在开展复杂项目前练习这些简单项目。行动研究也可以用于更加正式的研究。

8. **行动研究是有理论基础的**。将你的研究问题、研究结果和结论跟现有理论结合起来，这样就为理解你的研究提供了背景。这样做，能让读者知道你的数据与其他研究成果的关系。有些行动研究者为了制定数据收集的框架而在开始收集数据前做一个简短的文献综述。也有些研究者等到数据收集工作结束后，比较自己与他人的研究结论。

9. **行动研究不是定量研究**。在一个行动研究项目中，你并不试图证明任何东西。你也不是要比较两样东西以确定哪个更好。同样，行动研究项目中也没有实验组和控制组、自变量和因变量以及研究假设。行动研究项目的目标仅仅是理解。

开　端

上一节介绍了行动研究的六个步骤或要素。现在将这六个步骤或要素进一步分解为九个步骤。当然,这些步骤是有弹性的。你可能会发现自己的研究需要跳过某些步骤,重新安排各步骤的顺序,或者不止一次地重复某些步骤。

行动研究步骤

1. 确定问题或研究领域。行动研究的第一步是确定你想要研究什么。你可以提出一个需要"解答"或"解决"的问题,或者确定一个感兴趣的探索领域。你要找到某些让你纠结和希望深入考察的主题。

2. 将研究问题或领域放入理论背景中。这意味着要做文献综述。你可以利用专业杂志、著作和互联网资源来了解其他人对你的研究主题的观点。将你的研究主题与当前理论联系起来可以提高研究信度,并为你的研究发现提供理论背景。同时,将相关文献内容和你自己的课堂教育行为联系起来,也让你能够将理论与实践联系起来。

做文献综述可用三种方式。第一种是在开始收集数据前做文献综述。这种文献综述除了可以将你的研究放入一定理论背景,还可用于形成问题、完善教育方法或数据收集方法。第二种是在报告数据和形成结论时做文献综述。在这里,研究文献与你的每点研究结论联系在一起。第三种是完全不做文献综述。很多简短的行动研究项目并不包括文献综述。

3. **制定数据收集计划**。在传统研究中，这部分被称为方法论（methodology）。你想要什么样的数据？怎样收集这些数据？多长时间收集一次？行动研究是系统的观察，数据收集是重点工作，而且在研究开始之前就要确定收集数据的主要步骤。

4. **收集并分析数据**。在你确定至少两种需要收集的数据后，你就可以开始工作。在收集数据的同时，也要根据主题、类别或呈现方式分析它们。这种分析可以帮助你明晰你寻找的对象，进而影响后续的数据收集过程。

5. **在收集数据过程中，如有必要可以改变研究问题**。行动研究是一个动态的、不断变化的过程。你会受到已收集数据的影响。因此，在数据收集过程中改变某个教学策略、数据来源甚至研究重点都是常事。只要你能让读者明白你想要做什么和为什么去做，所有这些改变都可以接受。

6. **分析和组织数据**。分析数据的时候，你要明白总共记录了哪些东西，这些东西分为几类以及每个类别中有哪些东西。这个分析过程将在后面再展开。

7. **报告研究数据**。展示你的研究发现，包括简要介绍你对重要事件、活动和回应的描述与列举，以及研究主题的数量与类别、数据的类别与呈现方式。在展示过程中，你扮演记者或人类学家的角色，描述你看到的内容并举例说明这些内容。

8. **形成结论和建议**。这一步是解释数据或告诉读者它们意味着什么。你可以根据数据得出什么结论？你可以根据结论给出什么建议？这时，你可以回答研究问题或根据你的新理解给出建议。

当然，正如在第二个步骤中所述，有些行动研究者会在这时做文献综述，进而把自己的研究发现放入一个理论背景中。

9. **创建行动计划**。根据你的研究结论和建议，你会怎么做？这时，你需要创建一个行动计划。

寻找你的研究主题

开始研究前你必须确定研究领域。以下为三个常用的研究领域：

1. **学习或评价一种教学方法**。有些教师利用行动研究确定新的教学方法或技术的有效性。

2. **识别和调查一个问题**。行动研究可以用于确定正在发生什么以及某个问题的可能原因。

3. **考察一个兴趣领域**。你对什么主题感兴趣？你是否对某种东西好奇？行动研究可以帮助你探索它们。

理论背景

文献综述需要检阅与你的行动研究主题相关的资料，如期刊文章、美国教育资料信息中心（ERIC）文件、书籍或其他来源资料。其目的是将你的研究主题放入一个理论背景中。这也是教育理论与你的课堂实践的结合点。

文献综述也将你的行动研究项目与其他人的研究项目联系起来。这样，你就可以避免闭门造车。同时，你还可以借用别人的洞察力提高自己研究的有效性。文献综述还有可能给你的研究提供有效课堂实践的案例、研究问题、数据收集方法和数据分析技巧。

最后，深入细致的文献综述能够让你成为所研究领域的专家和知识渊博的教学实践者。这可以在行动研究的各个阶段为你提供指导并提高你的教学能力。

文献综述的来源

下面介绍行动研究项目中文献综述可以用到的文献来源。

1. **学术刊物**。通常情况下，学术刊物是文献综述的最好来源。这些刊物的文章是专家（通常是大学教授）撰写的。文章内容包括他们自己的研究、二手研究、已有理论的新应用或一定理论背景中的新理念。从医学到心理学、美容学、农学和教育学，每个领域都有上百种杂志。

2. **互联网**。互联网是一个快速寻找大量信息的好去处。可是,这些信息并非总是可信的。学术刊物文章在发表前都经过同行审阅,而在互联网上发布信息的唯一条件是拥有一个可以发布信息的网站和相关技术。因此,在任何时候都要谨慎使用互联网的信息,因为它们并非总是可信的。

美国教育部维护的美国教育资料信息中心是专为教育者设计的,网址是 https://accesseric.org/。这个中心拥有数以千计的期刊文章、研究报告、课程、会议论文和教学指导。同样,你也要仔细选择这里的文献。因为文献综述在行动研究中用时较短,选择不慎就会影响到综述的效度和信度。

3. **著作**。著作是资料的可信来源。可是,我们也不能仅仅因为信息写在书里就相信它。那些有文献注释和权威出版社出版的著作更为可信。使用著作时,要学会浏览和仅仅阅读那些与你的研究主题相关的内容。

4. **非印刷资料**。有些非印刷资料也可能为你的行动研究项目提供背景信息。你可能希望找到其他教师研究类似主题的成果和经验并且在自己的报告中体现他们的洞见。如果你研究的主题是课程,那么课程顾问往往了解最新趋势。家长可以为你提供孩子情感方面的信息以及孩子对学校事务的反映。如果你进一步搜索,就可能发现与你研究主题相关的共同体成员或大学研究者和教师。在跟最后这组成员联系时,我发现一封带着具体问题的简短电子邮件通常是吸收他们智慧的最好方法。

需要多少文献资料?

你到底需要多少篇文献来做综述?这取决于你的研究主题、研究目标和研究类型。一篇硕士论文大概要求25篇以上,一篇博士论文则要50篇以上。一些小型行动研究项目,无论是用于学术杂志投稿、会议发言、同伴分享,还是研究生阶段的课程作业,通常都要用到 2~15 篇文献。当然,一些用于专业发展或问题评价与解决的行动研究项目并不包含文献综述,也没有引用文献。

文献综述示例

如前所述,文献综述的形式及其在报告中的位置是多种多样的。下面我们介绍两个文献综述案例,一个是文献综述在研究报告的开头,另一个则是文献综述在研究报告的末尾。

文献综述在前

我想要设计一种鉴定学生进入小学天才教育计划的新方法。下述内容是我的行动研究报告开头中的文献综述部分。这部分内容给我设计新的鉴别方法带来了启发,其信度也通过把我的设计放入理论背景中得到提高。这里引用了九篇文献。文献作者和出版年份写在括号里(有关引用、注释与参考文献撰写的详细信息参见《美国心理学会出版物准则》第四版)。

为天才教育计划鉴别人才

很多学校鉴别享受天才教育服务学生的方法并不是根据智力和创造力的知识。

智力

霍华德·加德纳(Howard Gardner)将智力界定为在一定文化环境中解决问题和创造有价值产品的能力(Gardner,1996)。罗伯特·斯腾伯格(Robert Sternberg)将其界定为知道在什么时候和用什么方式使用分析、创造和实践能力去实现目标(Sternberg,1996)。在心理学研究领域和天才教育中,极少有人将智力等同于标准化测验分数。可是,智商和成就测验分数仍然是进入天才教育计划的主要标准(Aamidor & Spicker,1995; De Lieon, Argus-Calvo, & Medina, 1997; Hunsaker, Abeel, & Callahan,1991;Richert,1997)。仅仅用标准化的定量测验选拔有希望的学生并没有反映智力、创造力和生产力(productivity)方面研究的最新进展,学校还在使用它们的原因在于它们的简洁有效和数量化。可是,这些方法已经过时,不应被作为鉴别和吸纳天才学生的唯一方式。

创造力

创造力是指向新的或卓越产品、表现和范式的认知过程。它是一种能够让个体产生、发现新观念或者以一种新方式组织新观念的思考品质(Gallagher & Gardner,1994)。创造力是超越既定情况产生新奇和有趣观念的能力(Sternberg,1996),或者创造不同寻常、卓越且新颖的事物的能力(Feldman, Csikszentmihalyi, & Gardner,1994)。这是创造力在所有领域的重要特征,可是创造过程并不容易测量。标准化的创造力测验可能鉴别学生的创造潜力,例如产生很多观念或不同类型观念的能力,可是这些测验没法预测一个具体个体最终的创造成就(Davis,1997)。预测未来成就,特别是创造成就的最好指标是看过去的成就(Davis,1997;Sternberg 1996)。因此,将以往表现纳入鉴别过程是合理的。

文献综述在后

我可以等到数据收集结束后,将自己的研究发现和建议与他人的资料进行比较。下述文献综述案例与上述案例的研究主题相同，也是天才教育计划鉴别方法，但这里的文献综述出现在行动研究报告后面。

建议

根据收集的研究数据，我对天才教育计划学生的鉴别提出三个建议。

1. 保证鉴别方法与学校对天赋的界定一致。开始讨论鉴别方法前，我们必须有一个共同的天赋概念，那样我们才能清楚地知道我们到底要鉴别什么。我们学区使用的概念来自美国教育部（United States Department of Education, 1993），包括视觉和表演艺术、创造力、具体学术领域、领导力和智力等广泛内容。如果我们不想在这些方面平均用力，那么就需要修改我们的概念。

2. 使用阈值模型（threshold model）鉴定学生。阈值模型包含更多界定和鉴别天赋学生的方法（Davis, 1997; Piirto, 1994）。学生只要达到标准化智力测验的低门槛（智商为115—120）——而不是以前的高门槛（智商等于或高于140），并且符合其他标准，就可进入天才教育计划。这说明天赋包含多种多样的才能。阈值模型也吸纳约瑟夫·伦祖利（Joseph Renzulli）和萨莉·赖斯（Sally Reis）的学校改进模型（Schoolwide Enrichment Model）（Renzulli & Reis, 1997）。在这个模型中，约有10%—20%的学生可以进入改进中心接受特殊教学。

3. 将各种作品和表现作为一种鉴别标准。任何类型的特殊教育计划的鉴别都要用到多重标准(Davie & Rimm,1998；Richert,1997)。学生、教师和家长在申请进入特殊教育计划时可以提供各种证据。

数据收集方法

本节介绍数据收集技巧的实用性建议。很多数据收集技巧也是可以用于课堂教学实践真实性评价的方法。

数据收集

数据是收集到或记录下来的各种信息、观察结果或事实。数据收集是行动研究项目与报纸评论的重要区别所在。如前所述，行动研究并不是简单地记录你认为什么是真的。相反，它需要收集数据并根据数据得出结论。

行动研究是系统的。这意味着在研究开始前就有计划。这个计划包括你想要收集什么数据，什么时候收集，用什么方式收集以及多长时间收集一次。当然，行动研究是个动态的过程。在研究过程中放弃收集某种形式的数据或收集计划中没有的数据都是正常的。

使用日程表或项目清单是确保数据收集工作规范的基础。表2-1是一个可以用于记录收集何种数据以及何时收集数据的项目清单示例。借助这个清单，我们可以确保系统收集数据和全面呈现数据。

行动研究项目中的数据收集是不同时间以不同方式开展的多种快速查看（quick looks）。在这个意义上，行动研究中的数据收集很像土壤样本的收集：多次在不同的地方收集一点点土壤。

表 2-1 数据收集清单

数据类型	收集日期					
个人测验成绩	8/18	8/25	9/2	9/9	9/16	
录音磁带	8/13	8/19	8/26	9/1	9/17	
学生作文样本	8/17	9/9	10/1			
家庭作业	8/11	8/17	8/23	8/27	9/2	9/10	9/16
学生日志	8/27	9/17				
小组会议	8/20	8/27	9/3	9/10	9/17	

行动研究中的数据类型

下面介绍十三种数据收集方法。为了保证研究重点,我希望你在每个研究中选择 2~4 种类型的数据。没有比读毫无中心的研究报告更扑朔迷离的事情了。

1. 研究日志

研究日志是用于记录与你的研究各个部分相关的思想或观察结果的笔记本。你可以用它记录研究过程的每一步。当你按照先后顺序整理研究项目时,研究日志是一个重要的信息源。研究日志中记录的信息多种多样,比如观察结果、分析结果、图表、草图、引用文献、学生评论、分数、思想,甚至是感受和印象。有些行动研究者还在研究日志中记录田野笔记以及其他形式的数据,当然也有些研究者有专门的田野笔记。

2. 田野笔记

田野笔记记录你在课堂上对各种情况的观察。田野笔记能帮助你观察到一些没有使用它时观察不到的细节。如果你坚持做各种观察,那各种模式都可能从数据中浮现出来。这里描述三种田野笔记。

即时的详细描写

第一种类型的田野笔记是在教学的同时做笔记。不过,极少有教师能够在上课的同时做一位客观的观察者,去详细记录课堂上发生的各种情况。大多数教师需要全神贯注地教学,因此没法在教学的同时进入有效的研究者/记录者模式。当然,你可以在别人上课的时候观察你的学生。

即时的快速记录

边上课边做详细记录非常困难,但快速记录还是可能的。针对即时的快速记录,有三个小建议。

(1)在课桌抽屉中为每个学生准备一个文件夹。如果某个学生身上发生了有趣的事情,随手找到一张可以记录的纸并快速记下事件内容和日期,然后把记录放入学生的文件夹。除了观察结果和田野笔记外,这些文件夹也可以收集有代表性的学生作业、清单或测验分数。

(2)建立一个与研究计划相关的文件夹。当你有了关于研究的想法、观察或灵感时,快速记录下来并标注日期,然后放入研究文件夹中。

(3)在教案的边缘或空白处做笔记。你可以在教案的边缘记录在课堂中出现的灵感或观察到的结果。用尽量少的文字记录你的想法,等到课后或下班后再充实。

后续的笔记和反思

大多数教师喜欢课后记录和反思。这样做有三种方式。

(1)每次课后,在研究日志中做快速记录。等到有时间,你可以把这些匆忙记下的内容变成更详细的田野笔记。

（2）在每天结束的时候记录你的灵感和观察。这需要一定量的训练以确保规范。

（3）在教案背面写下反思收获。这样你就知道你教了什么内容，什么时间教的，用什么方式教的以及教得如何。这是一种很好的资料来源。

3. 核查清单

核查清单有很多种形式。核查清单是一个包含诸如行为、特征、任务和技能等特质的清单。如果在观察中发现某个特质，那就用某种方法标注出来或者记录下发生的次数。

学生核查清单

学生核查清单是供学生使用的。表 2-2 是一个用于写作工作坊的学生核查清单的一部分。学生用各种记号记录某天参与的活动。表格末尾的三个框是开放性的，用于记录与主题、技能、问题相关的各种反应。

表 2-2 有关技能与活动的学生核查清单

1999 年 9 月 1—30 日的每周核查清单。
每次课结束后，将在课堂里开展过的活动勾出来。

构思/预写	
起草	
修改	
编辑	
商谈/谈论	
阅读	
其他	

写作主题：

```
┌─────────────────────────────────────────┐
│                                         │
│                                         │
│                                         │
└─────────────────────────────────────────┘
```

学会或使用的特殊技巧：

```
┌─────────────────────────────────────────┐
│                                         │
│                                         │
└─────────────────────────────────────────┘
```

我有疑问的地方：

```
┌─────────────────────────────────────────┐
│                                         │
│                                         │
└─────────────────────────────────────────┘
```

教师核查清单

教师核查清单可以清楚地显示哪些技能已经讲授或掌握，以及在何时讲授或掌握。这类核查清单对指导教学和说明技能教学覆盖面都有帮助。表2-3是一份用于写作教学的教师核查清单。

表2-3 用于写作教学的教师核查清单

三、四年级学生的写作清单

学生：＿＿＿＿＿＿

用下列数字描述学生的进步：3＝非常大；2＝有些；1＝非常小；0＝没有

特 征	日		期		
用虚拟的拼写表达观念					
能够拼出100MFW清单上的大多数单词					
句子的首字母大写					
运用句号和问号					
运用预写策略					
知道什么是名词、动词和形容词					
能编辑或修改草稿					
运用完整的句子					

每 50 个单词的拼写成绩：

观察与评论：

开放式核查清单

开放式核查清单列举出一系列技能并留出足够空间供学生描写他们的能力、理解和对技能的使用（表 2-4）。这也为掌握学生的理解情况提供了明确的指标。

表 2-4　写作技能开放式核查清单

技　　能	解释你怎样使用这些技能
名字大写	
"there"和"their"	
形容词	
段落	
逗号	

4. 会谈与访谈

会谈是让一个或多个学生谈论自己的学习或课堂教学。在会谈过程中，提示语仅限于引导学生发言，不需要用事先计划好的问题清单。会谈可以是单个学生会谈，也可以是小组会谈。

单个学生会谈

学生是会谈的主要发言者。交流在会谈过程中是开放的。教师在会谈中提出的问题仅限于提示学生发言。这种会谈可以持续 2~15 分钟。

与学生会谈时可以记录,但不要试图逐字记录。记录那些你认为重要的内容,例如优点、缺点、总体印象、习得的技能、进步、灵感,或者学生的当前工作等。你也许希望设计某种能够用于会谈的核查清单。的确,很多核查清单都可以用于记录学生会谈(见表 2-5)。

表 2-5 单个学生会谈日期的核查清单

贝利 A	8/23	9/13	10/4			
塞利 B	8/23	9/13	10/4			
艾梅 C	8/23	9/13	10/4			
莫丽 D	8/24	9/14	10/11			
迈克 E	8/24	9/14	10/11			

小组会谈

在小组会谈中,你每次跟 3~8 个学生见面。这是一种有效的数据收集方法,因为你能相对快速地见到很多学生并且观察他们的互动。它也是一种有价值的教学工具,因为学生可以相互倾听,彼此回应。在小组会谈中,教师也像与单个学生会谈一样,说得越少越好。

小组会谈可以没有教师参加。这时候,小组可以用核查清单记录他们的进展(见表 2-6)。这能帮助小组关注成功的小组行为的核心要素并且给你提供另一种形式的数据。

表 2-6 小组会谈的核查清单

小组:_____ 日期:_____

	是	否	有一些
小组一直在完成任务			
每个人都提出或者回应问题			
小组很明智地使用时间			
每个人对会谈都有准备			

有趣或重要的观念
(1) (2) (3)

访谈

在访谈中,学生回答一系列已经准备好的问题。这些问题在每次访谈中都应该用同样的顺序提出以确保前后一致。访谈中的问题既包括低层次的封闭式问题,也包括高层次的开放式问题。在访谈中,你只需记录重要的想法或印象,不要做详细的田野记录。将你的注意放在学生的反应和后续问题上。你可以使用录音机记录访谈过程(录像机对访谈影响过大),等结束后再做详细的笔记。

5. 录像带和录音带

录像带给你提供的信息包括:学生的非语言行为,他们在教学过程中的位置或移动,以及你的教学表现与教育技巧的总体印象。不过,录像机对教学有影响,可能使教学环境失真。相对而言,录音机轻便灵活、操作简单,对教学影响小,也更加自然。而且,录音机可以在开车的时候听,也可以用很轻巧的便携式设备听。尽管你看不到非语言行为和运动,但是你会发现,重要的信息录音带都能提供。

6. 数据检索表

数据检索表是一种非常形象的收集和整理数据的工具。表2-7中的数据检索表用于确定学生选择的点心类型。在表中,每种点心被选择的次数都可以标记出来。这个数据检索表提供的数据可以量化,并能够在不同年级或不同时间相互比较。

表 2-7 点心选择的数据检索表

	女 生	男 生
派		
蛋糕		
饼干		
无		

7. 等级式核查清单

等级式核查清单将你关注的产品或表现具体化,并将它们分成不同的层次。它有点像专栏(rubric)。不过,专栏用一个或更多句子描绘每个层次,而等级式核查清单只用一个词语描绘每个层次(见表 2-8)。在表中,学生在表一侧评价自己的表现,教师在另一侧评价学生的表现。

表 2-8 科学技能的等级式核查清单

关键词:4=杰出;3=非常好;2=中等;1=低

学 生	技 能	教 师
	观察与描写	
	制图	
	称重(weighing)	
	预测	
	组织数据,创建小组	
	总结	
	使用实验室报告	

评论:

数据收集方法

8. 学生的作品或表现

学生作业样本可以作为数据来源。不过,请记住,你不需要收集所有的学生作业。只要定期收集学生的代表性作业,你就可以对学生的总体表现和变化情况有所了解。

作品和表现

表 2-9 是作品和表现的评价表格。这个等级式核查清单可以分析与评价任何类型的作品和作业,如科学项目、发明、喜剧、舞蹈或实验。

表 2-9 作品和表现的评价表

学生: 年龄:
年级: 作品或表现的类型:

跟同龄学生相比,请根据下列标准给作品或表现评级。

创造性_____	技术优势_____	审美_____
观念整合_____	精密_____	整体效果_____

关键词:5=非常高;4=高;3=中等;2=低;1=非常低
评论:

作文样本

表 2-10 的等级式核查清单可以分析与评价各种类型的作文。

表 2-10 写作评价表

写作提示语(writing prompt)
关键词:5=非常高;4=高;3=中等;2=低;1=非常低

内容—理念_____	技巧:拼写、语法、标点_____	按期提交—完成作业要求_____
组织—结构_____	流畅—交流_____	书面整洁度_____

观念与灵感：

需要努力的技能：

分数和其他量化数据

学生在考试、家庭作业、测验、分级测试和标准化测验中的分数也可以作为数据来源。不过，它们不能作为唯一的数据来源。

9. 调查

调查可以快速获得大量信息。所提问题包含封闭式问题和开放式问题。

封闭式问题

封闭式问题为回答者提供可以选择的选项。这种问题的优势是你可以问大量问题，并在不同类型主题上获得定量数据。例如：

你喜欢读什么书？（1）历史；（2）喜剧；（3）科幻；（4）推理小说

开放式问题

开放式问题不限制回答者如何作答。例如：

你喜欢读什么书？

这些问题能更准确地反映回答者的真实情况。研究者事后可以将回答者所列的书归类，并在报告的时候说明每类的数量（见第五节的"归纳性分析"部分）。这些数据可以这样报告：

45个学生回答了调查的问题，给出了152个答案。占比最大的回答（49%）是现实性小说。

开放式调查问题有些混乱,在调查中应该少用。

10. 态度和评定量表

态度和评定量表为回答者提供一个问题或一句陈述,让他们选择一个或多个答案,了解他们对其反应的强度。

态度量表

测量学生态度的方式是给他们提供一系列陈述,让他们回答同意或不同意这些内容的程度。态度量表能快速提供学生的态度信息,并产生可用于比较的定量数据。5点式态度量表对三年级以上学生最有效。

关键词:SA=强烈同意;A=同意;NO=无所谓;D=不同意;
　　　　SD=强烈不同意

(1) 阅读很好玩:SA……A……NO……D……SD

这些回答也可以用数字表示,这样你就可以得到定量数据。

关键词:5=强烈同意;4=同意;3=无所谓;2=不同意;
　　　　1=强烈不同意

(1) 阅读很好玩:　　　　　　　5……4……3……2……1

(2) 我知道如何用科学技能:　　5……4……3……2……1

对于年龄更小的回答者,你要减少答案选项并使用图像。

(1) 我喜欢阅读:非常☺　有些😐　极少☹

评定量表

评定量表用于了解反应的强度。这些量表常用于了解事情发生的数量、频率和次数。

关键词:4=经常;3=有些;2=极少;1=没有

(1) 我每天都阅读:　　　　　　4……3……2……1

(2) 我每天都看电视:　　　　　4……3……2……1

(3) 我在学校完成家庭作业： 4……3……2……1

(4) 我使用预写策略： 4……3……2……1

11. 艺术

艺术是看待世界的另一种方式,可以为你的行动研究提供不同层次的理解。某些艺术形式与行动研究联系很自然,包括(1)诸如素描、拼贴、绘画、绘图或摄影等二维视觉艺术以及(2)诸如诗歌、创造性写作、短小的故事、喜剧或书面对白等语言艺术。

12. 档案数据

档案数据包括以往的成绩等级、测验分数、累计的卷宗、健康记录、父母职业和出勤记录。你使用时要确保遵循学校的正规手续,并在使用和报告的时候遵守研究伦理。

13. 网站、班级日志和电子邮件

网站可用于创造一个现实且动态的班级整体。学生可以在特定的网站发布日志并就某个主题相互阅读、彼此回应。这些互动可以打印出来作为数据来源。

班级日志是网站的非技术版本。你需要提供一个可以在班级里面相互传递的空白日记本,或者把它放在学习中心几周。学生可以通过图形、图像以及想法和观念表述等形式在笔记本上表达自己的想法、观点、印象或反应。

电子邮件是教师和学生之间快捷、简易和私密的交流方式。电子邮件信息能够让你了解学生对很多主题的想法。

数据分析方法

分析是为了理解的需要,把某种事物分解成多个部分。在行动研究中,为了让别人理解你试图呈现的内容,数据需要按照类型来分析和组织。

精度和信度

行动研究的最终目的是借助研究发现作出有效的变革或选择。为了达到这个目的,数据收集和分析必须精确可信。行动研究中的精度意味着你收集的数据为你正在观察的实践创造出一幅相对真实的图景。行动研究中的信度意味着可信或值得信赖。它能让你和其他人有信心使用你的数据。下述七个建议能够提高你在收集和分析数据时的精度和信度。

1. 细心且准确地记录你的观察;
2. 描述数据收集和分析的所有阶段;
3. 确保所有重要的数据都已收集或报告;
4. 在描写和解释的时候尽可能客观;
5. 使用足够多的数据来源;
6. 使用正确的数据来源类型;
7. 观察时间足够长,观察程度足够深。

归纳性分析

归纳性分析是通过将观察对象归类来分析或有序地组织某个领域的数据。这个过程在收集数据的时候就应该开始。在收集数据时,你就可以寻找重复出现的事项、主题或模式。在最初的分类过程中,相似的内容应该编码和放置在同一类别中。当然,最初的分类是非常灵活的,后继收集的数据可能会改变其性质和成分。在数据收集过程中开展初步的分析工作是有帮助的,因为最初的分析形成的类别有助于后续的数据收集。

拉瑞、莫尔和克林与归纳性分析

我以《活宝三人组》(The Three Stooges)[①]来说明归纳性分析。为了理解三个角色和他们的幽默,我特意观看了《活宝三人组》的一段录像。我最初的问题是:录像中的幽默是什么类型?这些情节是怎么组合起来的?谁是其中的配角?(请注意这些问题是如何为我的研究提供聚焦点的。)

我观看了其中的一集——《自找麻烦》(Grips, Grunts and Groans),并开始从中寻找幽默。《活宝三人组》中的节奏比现

---

① 20世纪五六十年代风靡美国的《活宝三人组》(The Three Stooges)播了五十多年,经久不衰。该剧讲述了三个又丑又好笑的男人生活中处处倒霉和出洋相的经历。完全模仿卓别林,以黑白哑剧形式出场。通过三位著名喜剧明星幽默而诙谐的表演,展示了小人物在遭遇不幸后总能配合默契、反败为胜的经历。虽然搞笑手法恶俗,动作蠢笨,但继承了"幽默大师"卓别林作品的风格,并弥补了卓别林单人进行幽默表演的局限性。该剧最早由美国米高梅电影制片公司创作,20世纪50年代起在美国NBC等电视台播出,受到热烈追捧。有趣的是,与一般肥皂剧不同,男性观众反而比女性观众更喜欢这部喜剧。该剧在美国荧屏上走俏后,被改编成三部电影和全球畅销的电脑游戏。三位男主角成了美国青少年的荧屏偶像,连世界巨星迈克尔·杰克逊都视这三个活宝为偶像。2000年4月,由该剧改编的第三部影片《三个臭皮匠》在北美上映。——译者注

实生活中的要快得多，因此，为了能够做笔记，我经常使用暂停键。在观看的时候，我用田野笔记的方式记录我看到的幽默。在此，我把幽默界定为电影中那些为了产生喜剧效果而存在的片段。在观看的同时，我用田野笔记的方式记录下如下内容：

撞击、绊倒、踢、殴打、拍击、刺、拧耳朵、无聊的文字游戏、荒诞不经（absurd silly）、无聊的文字游戏、荒诞不经，等等。

看完第一遍录像后，我发现笔记中的幽默可以分为四种类型。

1. 物体砸头的暴力。这部分是一个物体击中或者坠落在某个人的头上。例如，拉瑞用木板击中莫尔的头或者一块砧铁落在克林的头上。

2. 人与人之间的暴力。这部分指身体的某个部位被另外一个人的身体攻击。例如，戳眼睛、拧耳朵、踢人、窒息、推人、扇耳光以及扭脚等。

3. 个人的意外。这部分包括个人的绊倒、磕碰和跌落。

4. 滑稽的事情。这部分是指那些出其不意、前后不一致或夸张的事情或行动。情景类滑稽的例子如几个演员想要拽起喝醉的摔跤手，却不小心拽掉了他的裤子，露出了搞笑的、带着吊袜带的长内衣。语言类滑稽的例子如有人向演员泼水，而他们正好在此时被击中头部。克林喊道："先生们赶紧上救生艇。"莫尔说："女人和孩子优先。"这里的意思是演员如同在一条正在沉没的船上。

在每个大类下面还有不同小类的幽默。在列出最初的类别和小类后，我制作了一个开放式核查清单（见表2-11）。然后，我再次观看录像，并用核查清单记下看到的幽默。

表 2-11 三个活宝的幽默

情景类滑稽：26	普通伤害：5	物体坠落砸头：12	磕碰或绊倒：9
语言类滑稽：7	扇耳光：5	用物体击打头：11	
	踢人：4		
	拧耳朵：2		
	戳眼睛：2		
	殴打：2		
	窒息：1		
	推人：1		
总计：33	总计：22	总计：23	总计：9

就这样,我把录像中的幽默分成不同的部分并对整个情节的构成有了更好的理解。总体看来,《活宝三人组》比什么都暴力。这段录像中有43处幽默是暴力性的(人与人之间的暴力和物体砸头的暴力)。不过,从每个类别的数量来看,滑稽仍然是数量最多的幽默类型。在这段录像中,三个活宝似乎比我想象得更滑稽。可是,对生活在21世纪的人来说,暴力情节的数量仍然是突出的。为了增加观察和分析的信度,我把这个录像看了好几遍。我也请其他人观看,看看他们是否会给出与我相似的分类和统计结果。

有了这个归纳性分析,我更好地理解了这一集中的三个活宝和他们的幽默。为了拓展这项研究,我需要观看更多的《活宝三人组》剧集,并且用同样的分类方式收集和组织数据。然后,将这些数据以条形图的形式呈现,以方便读者理解。当然,我也可以比较《活宝三人组》的不同剧集,比较它与同时期的喜剧以及当前喜剧的差异。我当然还可以通过比较前期与后期《活宝三人组》的异同来进一步推进研究。可以进一步追踪的问题包括：幽默的类型是否随时间的变化而变化？在不同年代,《活宝三人组》每分钟内的幽默数量是否有变化？在对《活宝三人组》中的幽默的反应方面，男女之间有区别吗？（你会注意到，好的研究通常会给出很多问题和答案。）

案例研究或代表性事例

为了更深入地理解《活宝三人组》，我将在报告中使用代表性事例。我在这里给出几个幽默的例子，方便读者更好地理解每种幽默类别意味着什么。在报告中使用代表性事例也可以让读者不仅仅看到数字，从而让研究成果更加鲜活。

言语类滑稽

两个铁路安保人员正拿着警棍在一节标着"马"的火车车厢旁边巡逻。前面一位走到门口问道："有人在里面吗？"克林呜呜地说："没有人，只有马。"两个安保人员听到回答后走开。走了两步后，他们觉察到问题，停下来，突然恍然大悟，回去把门打开了。

情景类滑稽

克林每次闻到野生风信子都变得疯狂。在一个宾馆，有个妇女不小心往他身上撒了一些野生风信子。克林开始"呜呜呜"地高声叫起来。他不断地拍打前额，嚎叫，双腿做出扭曲变形的舞蹈动作。他开始变得疯狂，绊倒了桌子，弄烂了椅子，并高声喊道："莫尔，拉瑞，帮我挠挠脚！"拉瑞和莫尔将他抱住，扭住他的双腿，帮他脱下鞋子并开始挠脚。克林身体乱动并狂躁地大笑。最终，他恢复了意识。

个人的意外

从两个铁路安保人员那里跑开后，活宝们到了一个拐角。两个妇女正在那里照看一辆婴儿车。活宝们一起被婴儿车绊倒并跌在人行道上。

人与人之间的暴力

莫尔让克林举起双手,然后击打他的胃部。当克林发出自我保护的声音,莫尔用拳头打他的头顶,拧他的鼻子,扇他的前额,克林高声呻吟:"噢噢噢……噢!"

物体砸头的暴力

在一场重大摔跤比赛前,拉瑞、莫尔和克林在更衣室终于把古斯塔夫(就是那个喝醉了的专业摔跤手)弄醒,准备出去参加比赛。后来,他们不小心让他碰到一组抽屉上。这时,抽屉上面的五副哑铃跌落下来,砸在古斯塔夫的头上。

讨论:你的行动计划

本节的内容是根据收集的数据讨论研究发现,并得出结论,提出建议。虽然这些内容在研究报告中可能篇幅较短,但是本部分其他节的内容都是为本节内容服务的。研究者通常在撰写本节内容时评价自己的研究,看看哪些因素可能会限制研究发现的解释和应用。接下来就是根据研究发现制定行动计划。尽管在本节中这些内容分三个小节来说明,但它们经常融合在一起,并且体现在行动研究报告的各个部分。

结论与建议

结论是合理的推论。也就是,基于另外一个或多个对象,你对某个对象产生了信任。根据已收集并报告的数据,你认为它们意味着什么?你现在觉得什么是真实的?我们可以从你呈现的数据中推论出什么?研究结论通常是一段或两段文字,描写你现在的认识或你视为研究结果的一系列事情。

乔·亨里克森(Jo Henriksen),明尼苏达州圣路易斯公园(St. Louis Park,Minnesota)

乔·亨里克森是圣路易斯公园彼得霍巴特和阿奎拉初级中心(Peter Hobart Elementary and Aquila Primary Center)的天才教育教师。乔没有采用传统的家长—教师会议,而是让一到三年级有天赋的学生主持这些会议。乔在这个行动研究中的目标是全面理解学生主导的会议过程,并看看他们是否有收获以及这项行动研究是否值得继续开展。

她通过让学生填写调查问卷来收集数据。她也设计了一个核查清单,用来记录会议要点并帮助自己会后反思和分析。在研究报告中呈现数据后,乔写下了如下结论。

结　　论

对于学生主持的会议,我得出以下结论:

(1) 它们提供了跟学生愉快相处的机会。

(2) 由于这种形式的会议,学生对已经学过的内容有了更深刻的理解。

(3) 这些会议让人精力旺盛而不是精疲力竭。

(4) 我们区很早就开始计划秋季会议。在我的天才教育计划直到开学第二周都没开始时,在会议时间之前,我几乎没时间和孩子们做很多工作,这使得我不得不思考计划的严密性。

(5) 在会议前,我需要跟每个孩子一起做计划。

(6) 我通常在每个春天举行一次家长聚会。这是一次让所有人观看学生作品的机会。我想这次聚会应该比春天的家长会要早。这样就可以减少在家长会上解释作品的时间,使其有更多时间用于讨论和评价作品。

(7) 鉴于我无法保证家长都能如期与会,我决定召开完全由学生参与的会议。

(8) 这些会议只有25分钟。我的很多学生都喜欢多讲。

我必须考虑，如果可能，如何调整时间安排以满足这些孩子的需要。

(9) 我肯定会继续开展这一实践。

最后的想法

总之，我觉得让学生主持家长会的决定是对的。我在天才教育领域工作了9年，在普通教育领域工作的时间更长一点。我通常知道什么能使孩子们快乐，有时也知道什么能让家长有安全感。我也知道是什么让我对工作充满热情。我设计这样的家长会是为了满足学生及家长的需要。而这个设计也帮助我成为更有效的教师。我天生害怕开会。但通过让学生主持会议，我让这段时间变得更加积极且富有成效。

研究建议是在研究发现的基础上提出你认为有效的选择或行动。你在这一部分告诉读者可以怎样应用你的研究发现，或者提出以不同方式行动的建议。研究结论和建议之间的界限是模糊的。行动研究报告可能只有研究结论或研究建议，或两者兼而有之。

凯茜·斯坦普斯（Cathy Stamps），霍普金斯小学（Hpokins Elementary School）

凯茜·斯坦普斯感兴趣的问题是，她五年级的学生是和朋友坐在一起时学得更好，还是由她指定座位时学得更好。她收集的数据包括：(1) 聚焦于学生行为、态度和作品的田野笔记；(2) 来自两种环境中的作业样本；(3) 学生调查。她的研究结论与建议是：

根据我的观察和学生的反应,我的结论是:当学生自己选择座位时,学得更好。在这种情况下,他们对学习有更多的自主权,因此更有动力学习。当我开会或参加工作坊的时候,我也更喜欢自己选择一起工作的伙伴,而不愿被指定。我想这可能就是:"你想别人怎么对待你,那你就怎么对待别人。"让学生自己选择座位,能够让他们在面临需要快速完成的任务时减少相互熟悉的时间。

我的调查富有成效。学生知道教师的期望,也知道如果他们不在自选的小组好好工作的后果。不过,为了让全班同学彼此了解和减少冲突,我也确实会定期指定座位。

对研究的评价

世界上没有完美的研究。有些研究者给出结论和建议后,会评价他们研究的有效性,解释研究的某个具体方面,或者指出后续研究可以如何创新。

吉姆・瓦瑞克(Jim Vavreck),明尼苏达州圣彼得

吉姆・瓦瑞克研究了六年级学生如何认识智力和创造力。他用问卷和自我评级量表收集数据。他在呈现数据的时候评价了自己的研究。在斟酌自己研究的各部分内容时,他向我们展示了思考过程。你会发现他像研究者一样思考:问题与问题环环相扣。以下是我摘录的其中的一部分:

这次研究中的学生普遍认为智力和创造力都是一种个人

的力量。只有13％的学生认为自己的智力与创造力相等。后面的问题是问学生在评估智力和创造力关系时的证据是什么。这个问题有助于帮助我们理解学生是如何区分智力与创造力的。

其他问题

我应该更清晰地描绘所用的等级量表。看来这一组要么远远高出平均水平，要么根本没有理解平均概念。或者，他们可能拥有良好却不真实的自我概念。也许，他们将自己与那些水平相当低的学生做比较。

我很希望在更大样本中探索男生与女生自我评估方面的区别。现有的结论是女生在智力与创造力方面的自我评估较高。我们也可以设计纵向研究，看看智力与创造力的自我评估是否随时间的变化而变化。

设计一个新计划或新项目

大多数研究项目会得出下列五种结果之一：

1. **在总体上，对情境、儿童和学生有更好的理解**。在这种情况下，你要根据这种理解设计你的互动与教学改革。

2. **发现一个问题**。发现并界定问题是问题解决过程的首要因素。

3. **发现一个计划、项目或教育方法有效**。这种类型的行动研究报告可以分析这个方法有效的原因以及可以继续使用此方法的情境。研究报告还可以指出使方法更有效的因素。

4. **发现一个计划、项目或教育方法需要改进**。在此，行动研究报告可以作为形成性或总结性评价。找出需要改进的因素并分析如何改进它们。

5. **发现一个计划、项目或教育方法无效**。行动研究报告可以作为证明项目无效的文件。你的报告可为改变或淘汰既有的计划、项目或教育方法提供支持。

新计划或新项目的要素

设计新计划或新项目是在你的研究发现和建议基础上设计一个行动计划。任何新计划、新项目或新课程都包含以下三个要素。

1. **学校哲学**（school philosophy）**或使命说明**。每个学校或学区都有一个学校哲学或使命说明，有时两者兼有。将这部分内容放在新计划的开头。这可以帮助你让自己的目标与学校目标保持一致，也能为后继的理念提供支持和合法性。

学校哲学是学校教育系统总结出来的反映学校与社区价值观的普遍信念、政策或基本理念。它可以描述学习的性质，或者教育与学习在人类事业中的价值。例如：

> 安妮镇（The Anytown）学区是学生、家长、教师和社区之间具有合作性与民主性的机构（venture）。这个学区的政策是维持最高的学术标准，开展最优秀的教育实践，并且让每个孩子都能发挥所有潜能。

学校哲学可以支持一些维持高学术标准的计划，例如，缩小班级规模，增加教师专业发展活动，以及在教室中增置更多的书籍和电脑。当学校教育不是研究发现的最优秀的实践，如学校过度依赖标准化测验去描述学习与进步，则学校哲学可以为变革提供合法性。学校哲学还可以在某些学生没能发挥所有潜能时为一些新的计划或资源分配提供支持,例如有特殊学习需要的学生、天赋很高和有高创造力的学生、身体残障的学生以及来自少数族裔的学生。这样,学校哲学就成了变革和持续生长的代理者。

使命说明是在非常抽象意义上陈述学校试图实现什么。例如:

> 我们教育系统的目的是帮助学习者获得成为建设性的世界公民、明智的决策者和终身学习者必需的知识与技能。

使命说明有时与学校哲学组合在一起,或整合在学校哲学中。如果你设计的计划或项目遇到来自同事、校长或学校董事会的抵制,那学校使命说明可用于使其合法化或帮助其实施。

2. **目标**。目标描述你希望用新计划或新项目完成什么。这对你将来的评价也有帮助。这就是说,你可以通过检查目标达成情况来判断是否成功。目标还能帮助你的计划足够专注,避免滑入不相干的领域。同样,如果你的目标与学校哲学、使命说明一致,那你就可以为你的计划或项目创造更好的实例。

3. **论据**。论据说明这些目标为什么重要。你要描述计划对学习者、学校以及社会的好处。把你的目标放在一个理论框架中有时是有帮助的。

不太正式的行动计划

根据行动研究项目的性质与目的差异,有时候非正式的行动计划也是恰当的。这种计划可以很简单地描述你的意图或罗列行动步骤。行动研究的前提是在研究的基础上要有行动。衡量行动研究的最终标准是它清晰地提出和回答问题、传递你的理念以及推动积极变革的程度。

结语

行动研究具有改革教育和促使我们的教育实践进化的潜能。变化是事物的自然规律。拒绝变化是退步的开始。因此，为了与当前普遍变革需要保持同步，我们必须不断变革教学实践。可是变革并非易事。正如约瑟夫·坎贝尔（Joseph Campbell）所言，离开已知的安全区域，跨入新的、未知的区域，并且让自己转变，是一段英勇的旅程（Campbell，1968）。这就是我们在课堂上和生命中面临的旅程。

安德鲁·P. 约翰逊（Andrew·P. Jonhson）博士

天赋发展与研究中心（Center for Research and Talent Development）

明尼苏达州曼凯托市明尼苏达州立大学，56001

（Minnesota State University，Mankato，Minnesota，56001）

电子邮件：thinking@hickorytech.net

参 考 文 献

Aamidor, S., & Spicker, H. H. (1995). Promise for the Future Gifted Education in Rural Communities. *Rural Special Education Quaterly*, 14(2), 39-46.

Campbell, J. (1968). *The Hero with a Thousand Faces* (2nd ed). Princeton, NJ: Princeton University Press.

Davis, G. A. (1997). Identifying Creating Students and Measuring Creativity. In N. Colangelo and G. A. Davis (Ed.), *Handbook of Gifted Education* (2nd ed.) (pp.269-281). Needham Heights, MA: Allyn and Bacon.

Davis, G. A., & Rimm, S. B. (1998). *Education of the Gifted and Talented* (4th ed.). Needham Heights, MA: Allyn and Bacon.

De Lieon, J. Argus-Calvo, B., & Medina, C. (1997). A Model Project of Identifying Rural Gifted and Talented Students in the Visual Arts. *Rural Special Education Quaterly*, 16(4), 16-23.

Feldman, D. H., Csikszentmihalyi, & Gardner, H. (1994). *Changing the World: A Framework for the Study of Creativity*. Westport, CT: Praeger Publishing.

Gallagher, J. J. & Gallagher, S. A. (1994). *Teaching the Gifted Child* (4th ed.). Needham Heights, MA: Allyn and Bacon.

Gardner, H. (1996). Reflection on Multiple Intelligence: Myths and Messages. *Phi Delta Kappan*, 77, 200-209.

Hunsaker, S. L., Abeel, L. B., & Callahan, C. M. (1991). *Instrument Use in the Identification of Gifted and Talented Children*. Paper presented at the Meeting of the Jacob Javits Gifted and Talented Education Program Grant Recipients, Washington, D. C. (ERIC Document Reproduction Service No. Ed 334 732).

Johnson, A. (2002). *A Short Guide to Action Research*. Needham Heights, MA: Allyn and Bacon.

Patterson, L., & Shannon, P. (1993). Reflection, Inquiry, and Action. In L. Patterson, C. Santa, K. Short, & K. Smith (Eds.), *Teachers Are*

Researchers: Reflection and Education. New York: Macmillan.

Piirto, J. (1994). *Talented Children and Adults: Their Development and Education*. New York: Macmillan.

Renzulli, J. S., & Reis, S. M. (1997). The Schoolwide Enrichment Model: New Directions for Developing High-end Learning. In N. Colangelo and G. A. Davis (Ed.), *Handbook of Gifted Education* (2nd ed.) (pp.136 - 154). Needham Heights, MA: Allyn and Bacon.

Richert, E. S. (1997). Excellence with Equity in Identification and Programming. In N. Colangelo and G. A. Davis (Ed.), *Handbook of Gifted Education* (2nd ed. pp.75 - 78). Boston, MA: Allyn & Bacon.

Sternberg, R. (1996). *Successful Intelligence: How Practical and Creative Intelligence Determine Success in Life*. New York: Plume.

United States Development of Education (1993). National Excellence: A Case for Developing America's Talent. Http://www.ed.gove/pub/DevTalent/part3.htrr.

第三部分

课堂管理

教育评估、行动研究与课堂管理

概 念 界 定

纪律问题的界定

教师常常认为那些懒惰、不努力学习、好斗、易怒和喜欢争辩的学生存在纪律问题。往好里说,这些说法不够精确,有些武断,描述了一个很大范围的行为。毕竟,学生可能偷懒或者易怒,但是他/她可能并不是课堂中的扰乱性因素。而且,归因理论(Weiner,1980)告诉我们,我们的观念指导感觉,而感觉指导行为。因此,当教师用消极性标签描述儿童,他们很可能对这些儿童有消极的感觉和行为(Brendtro,et al.,1990)。教师的消极行为无法有效帮助儿童养成恰当行为。因此,一个对教师有用的纪律问题定义必须清晰地区分,哪些学生行为需要教师立即采取矫正行为,哪些不需要。

关于纪律和课堂管理的书面材料数量惊人。数以百计的书籍和论文在专业和大众出版物上发表。其中绝大多数都出现在20世纪70年代之后。这些成果涉及的领域包括行为问题的类型和出现频率、学生不良行为的成因以及教师课堂管理的策略。可是,让人吃惊的是,人们很少考虑最基本的问题:"什么样的学生行为算是纪律问题?"清楚地理解什么行为算是纪律问题,是有效管理课堂的前提。如果没有这一理解,教师就不可能设计出合理且有意义的课堂管理准则,不可能将其传达给学生,不可能在违纪行为发生时识别出来,也不可能有效和一贯地应用管理策略。

为了给纪律问题下一个操作性定义,我们需要回顾文献中难得的几个定义。凯茨沃特(Kindsvatter,1978)根据学生在课堂中的行为或"课堂礼仪"界定纪律。他使用了"行为问题"和"问题行为"等术语,但既没有解释它们的含义,也没有给出例子。不过,他确实把纪律和学生行为联系在一起(但我们将看到其实并非如此)。

费德荷森(Feldhusen,1978)使用了术语"扰乱性行为",将其界定为违反学校要求,干扰教学秩序的行为。这个定义很重要,因为它将问题行为界定为任何干扰教学的学生行为。通过以这种方式界定扰乱性行为,费德荷森试图为教师提供监督学生行为的指南。任何扰乱教学的行为都是纪律问题,任何没有扰乱教学的行为都不是纪律问题。

根据这个指南,识别纪律问题似乎相对容易。真是这样吗?让我们通过几个日常的课堂行为测试一下。(1)一个学生在教师解释教材时不停地叫喊;(2)一个学生静悄悄地在课桌上刻自己的名字;(3)一个学生静悄悄地把纸条传给了旁边的同学。根据费德荷森的界定,只有第一个学生的行为是纪律问题,因为他的叫喊扰乱了教学。除非教师是一个细心的观察者,否则第二种和第三种行为可能都不会被注意到。即使教师注意到这些行为,他也可以顺利地继续教学。可是,有几个教师会同意在课桌上刻名字和给同学传纸条不是纪律问题呢?教师凭直觉就知道,这些行为确实是纪律问题,并应加以管理。因此,费德荷森的定义并不合适。

埃默等人(Emmer et al.,1989)提出了一个更广泛的定义:纪律问题是学生"在不算短的时间内严重干扰教师的教学活动或其他学生及其活动的扰乱性行为"(p.187)。在这个定义中,扰乱性行为不仅干扰教师及其教学活动,而且干扰学生及其学习活动。这是一个重要的进步,因为它认识到每个学生学习的权利(Bauer, 1985)。在大多数情况下,一组学生在课堂上的需要会优先于单个学生的需要(Curwin and Mendler, 1980)。

然而,这个定义中的"严重""一些"和"不算短"虽然可以用于很多情景,但也为争论和误解提供了空间。第一,一位教师眼中的"不算短的时间"和"严重的干扰"在另一位教师眼中可能未必如此。第二,是不是只有在一些学生被干扰时才有纪律问题?如果我们把这个定义用于前面所说的三种行为,学生的叫喊和传纸条可能被识别出来,但学生在课桌上刻名字的行为仍然没有包括在内。

到目前为止,施里格利(Shrigley, 1979)提出的定义最宽泛。他认为,任何干扰教学活动的行为或在生理上和心理上不安全的行为都是纪律问题。这个定义将那些未必扰乱教学活动但在生理上和心理上不安全的行为包括在内。例如,在科学实验室奔跑,以不安全的方式使用实验仪器,对其他学生构成威胁,以及不断地取笑和骚扰同学。不过,这个定义与费德荷森的定义存在同样的问题:刻课桌和传纸条没有干扰教学,也并非不安全,因此不是纪律问题。

根据上述讨论,我们可以达成共识,任何纪律问题的定义都必须为教师提供能够立刻识别一种行为是不是纪律问题的工具。教师只有在识别出纪律问题后,才能选择具体的干预方法。

请阅读下列六种场景。在阅读每个场景的时候,回答三个问题:

1. 这里有纪律问题吗?

2. 如果有，是谁的问题？

3. 为什么说这种行为是或不是纪律问题？

场景1 玛丽莎悄悄地进入教室并就座。教师要求学生拿出家庭作业。玛丽莎没有照做，而是掏出一本杂志并快速浏览起来。教师没有理会玛丽莎，领着其他学生复习家庭作业。

场景2 玛丽莎悄悄地进入教室并就座。教师要求学生拿出家庭作业。玛丽莎没有照做，而是掏出一本杂志并快速浏览起来。教师当堂宣布，除非玛丽莎放下杂志并拿出家庭作业，否则他不会复习家庭作业。

场景3 玛丽莎悄悄地进入教室并就座。教师要求学生拿出家庭作业。玛丽莎没有照做，而是掏出一本杂志并快速浏览起来。教师在领着其他学生复习家庭作业的同时走近玛丽莎。教师站在玛丽莎旁边，复习活动还在继续。

场景4 玛丽莎悄悄地进入教室并就座。教师要求学生拿出家庭作业。玛丽莎没有照做，而是掏出一本杂志并展示给邻桌看。教师没有理会玛丽莎，领着其他学生复习家庭作业。玛丽莎继续向邻桌展示杂志。

场景5 玛丽莎悄悄地进入教室并就座。教师要求学生拿出家庭作业。玛丽莎没有照做，而是掏出一本杂志并展示给邻桌看。教师没有组织学生复习，而是当堂大声要求玛丽莎放下杂志并拿出家庭作业。教师用了两分钟时间盯着玛丽莎完成自己的要求，并在她找到家庭作业后开始组织复习。

场景6 玛丽莎悄悄地进入教室并就座。教师要求学生拿出家庭作业。玛丽莎没有照做，而是掏出一本杂志并展示给邻桌看。教师在组织学生复习的同时走向玛丽莎。在一个学生回答问题时,这位教师以尽可能小但很坚定的声音要求玛丽莎拿出家庭作业,放下杂志。

我们曾经向很多教师描述过这六个场景,他们都觉得回答前面三个问题很困难。你可能也有同感。此外,如果你有空将自己的答案与其他人比较,肯定会发现彼此之间也不相同。

在识别纪律问题时遇到的大多数困难可以通过下列定义避免。这个定义认为纪律问题是多方面的:纪律问题是任何干扰教师教学、其他同学学习或在生理上和心理上不安全以及破坏财产的行为。这个定义不仅包含喊叫、污损课桌或干扰学生,而且包含其他教师每天都面临的普通行为。可是,请注意,这个定义没有将纪律行为局限于学生行为。这一点非常重要。因为,它要求教师在考虑学生行为的同时也考虑自己的行为。

根据这个定义,回顾六个场景,并将你的分析与我们的相比较。第一个场景中没有纪律问题,因为玛丽莎和教师的行为都没有干扰其他学生的学习。这位教师决定暂时忽略玛丽莎,领着其他学生复习家庭作业。

在第二个场景中,教师行为是纪律问题,因为他在玛丽莎没有干扰其他学生学习的情况下中断了家庭作业复习活动去干预玛丽莎。在这个场景中,正是教师干扰了其他学生的学习。

第三个场景中没有明显的纪律问题。教师和玛丽莎的行为都没有干扰其他学生的学习。教师没有选择忽略玛丽莎。不过,他明智地选择了一种干预策略,保证了家庭作业复习活动的延续。

在第四个场景中,玛丽莎和教师都是纪律问题制造者。玛丽莎干扰了其他同学的学习,因此是纪律问题制造者。而教师对玛丽莎行为的忽视也干扰了其他学生的学习。

在第五个场景中,玛丽莎和教师又是纪律问题制造者。玛丽莎给同伴看杂志是干扰性的,而教师的干预方式同样成问题。事实上,教师干扰的学生数量比玛丽莎还多。

第六个场景中也存在纪律问题,不过不是教师的问题,因为他使用的干预策略让他在管理玛丽莎的同时能够继续教学。

这个定义提供的指南使其能够更简单地确定是否存在纪律问题以及是谁的问题。绝大多数非纪律问题可以在晚些时候、在其他同学做作业时、在休息或课后的时间管理。可是,当明显存在纪律问题时,教师必须立即干预,因为根据定义,纪律问题是干扰其他学生学习或安全的问题。当教师使用无效或不恰当的管理策略并干扰了其他学生的学习时,就成了纪律问题制造者。请注意,在这个定义中,会助推扰乱教学的不当或考虑不周的课程程序、当堂宣布通知及学校政策都是纪律问题。

定义之外的学生问题行为

读到这里,有些读者可能想到了很多这个定义没有涵盖的学生行为。例如,不交作业,没有为上课做好准备,上课做白日梦,以及学生偶尔给教师翻"白眼"。根据这个定义,仔细分析这些行为后会发现,这些都不是纪律问题。它们可能是动机问题。

动机问题的成因包括自信水平低,对成功的期待水平低,对学术科目没有兴趣,缺乏独立感,患成就焦虑症以及害怕成功或失败(Stipek,1998)。因此,有动机问题的学生需要长期的个别化干预或者课外专业人员指导。

尽管深入探讨动机问题超出了本书范围,不过可以指出,处理这类问题的部分策略通常也不会干扰其他学生学习或减少学习时间。因此,最好在其他学生完成了当天的独立学习活动时一对一地处理学生动机问题。这样做能保护其他学生的学习权利,并将学习时间最大化。

预　防

课堂教学设计

20世纪70年代到80年代,玛德琳·亨特(Madeline Hunter)(Hunter M.,1982)、巴拉克·罗森希恩(Barak Rosenshine)(Rosenshine and Stevens,1986)和其他研究者用了大量时间寻找对学生学习最有效的课堂教学结构。尽管不同研究者喜欢使用自己专有的术语,但他们都同意如下因素能够最有效地帮助学生学习:教学导入、清晰的教学内容解释、学生理解情况的检查、有指导的练习、结课、巩固性练习以及定期复习。在阅读内容介绍时,请记住,一个课题教学不等同于一个课时,课题教学是要求学生完成具体学习目标的教学时间。因为一个课题教学可能延续若干个课时,因此没有必要在每个课时中包纳上述所有环节;同时,如果一个课时里包含两个课题,那教师应该重复上述教学环节两次。

1. **教学导入**。好的教学导入能告诉学生将要学习的内容,激发他们关于这个主题的已有知识,使他们将注意放在教学重点上,并且激发学习兴趣。

2. **清晰的教学内容解释**。有步骤地展开清晰的教学,用学生熟悉的具体实例说明教学内容,辅之以课堂提问,以了解学生的理解情况。"学生理解了主要课程内容之间的关系,有助于其学习这些内容"(Anderson,1989)。有组织的教学通过告诉学生激发什么样的已有知识,以及哪些是需要利用这种知识加以理解的重点,能够帮助学习者在重点学习内容之间建立联系，这种有组织教学的技巧包括：(1)在教学开始阶段使用结构化概述、先行组织者以及教学目标陈述；(2)概述教学内容，组织教学过渡，提醒教学重点，并总结每部分的教学内容；(3)在教学结束时总结教学重点。

3. 有指导的练习。有效教学包括一段时间有指导的练习，学生在此期间以书面练习、口头练习或者小组合作的方式运用学过的知识和技能。有指导的练习需要教师密切关注，以使学生得到尽可能多的反馈和更正。每过2~3个问题，就应该给学生提供反馈和更正。学生在进入巩固性练习前的有指导的练习阶段最好能够获得75%的正确率。否则，他们将会在巩固性练习阶段花费大量时间练习错误的知识和技能。

王和帕林斯肯（Wang and Palinscar, 1989）曾将"搭建脚手架"作为有指导的练习的重要内容，用以帮助学生获取认知策略（比如学习技能、问题解决技能以及批判性思维技能）。他们认为"搭建脚手架"是渗透到课堂所有因素的过程。"教师帮助学生应用认知策略就是在搭建脚手架。教师要根据学生个性、学习内容性质和学习任务性质调整脚手架。教师要将脚手架视为过渡性措施，在越来越能独立运用认知技能的时候拆除。"（p.79）换言之，教师设计教学时要从示例与讲授到反馈与指导，并逐渐过渡到学生自主。

4. 结课。好的课堂总结或结课能够让学生主动参与总结本课所学重点，并且让学生了解后面的学习内容。

5. 巩固性练习。有效的课堂教学也包括巩固性练习或独立练习阶段。在此期间，学生独立练习并获得高于75%的正确率。这种练习的形式包括课堂练习和家庭作业。家庭作业作为促进学习的工具，其有效性直接取决于教师是否给学生提供反馈与更正。

6. **复习**。最后,每周或每月一次的定期复习能够帮助学生巩固学习并给他们更多的强化。

这六个基于研究的课程教学要素对传授基本知识或具体技能与程序特别有效。当然,它们不应被视为对教师创造力与个性的束缚。每个教师都可以根据自己面临的独特教学情境修改、润色这些要素。不过,这六个课程教学要素合为一体,构成一个基本框架。这个框架可以减少学生对将要学习什么内容的困惑,并保证学习过程有步骤地展开。当学生在没有掌握前提性知识前就去学习新内容时,或者当学生没有足够的练习从而无法掌握技能时,他们就会困惑、不感兴趣,并很有可能产生纪律问题。

学生动机:教师可以调控的因素

动机是让个体行为指向特定目标或任务并且坚持成功地实现目标或完成任务的内在动力。培养学生的学习动机无疑是教师预防课堂纪律问题最有力的工具之一。当学生学习动机强时,他们通常会全神贯注、积极主动,集中精力学习。而当学生学习动机弱时,他们很快就会失去学习兴趣,开始寻找新的娱乐源泉,可能自娱自乐并干扰他人学习。专业的教师可以通过调控很多因素提高学生的学习动机。根据对学生动机研究的综述(Brophy,1987),我们总结出以下八个教师可以调控的强有力的因素。

1. **学生的兴趣**。教师将学科内容与学生的校外生活联系起来,可以提高学生的学习动机。例如,英语教师可以将诗歌与流行音乐的歌词相联系;化学教师可以让学生分析他们日常用品的化学成分。当然,不存在所有内容都能与现实世界相联系的学科。

因此，我们可以用游戏、表演、视频、小组合作以及让学生规划或选择活动来激发学生的兴趣。这些策略不可能每天都有效，但是每位教师都可以偶尔一用。

2. **学生的需要**。当学生感到学习活动为他们满足马斯洛提出的人类基本需要提供了机会时，学习动机就高。例如，给小学生提供一个在小组里发言的机会，就可以满足他们自尊的需要。在中学阶段，合作学习能够满足学生归属与接纳的需要。在更基础的层面，创建愉快且任务明晰的课堂氛围可以满足学生的心理安全需要。

3. **新意与多样性**。教师的教学活动如果包含新的事件、情境和材料，学生往往就更有动力。案例 1 中的爆米花教学是利用新意吸引学生注意的优秀案例。一旦学生的注意被吸引，教师就可以设计各种各样的简短学习活动使其保持下去。

当人们在自己从事的活动中找到乐趣时，注意持续时间会显著延长。可是，大多数学生并不觉得普通学校活动多么有趣，因此他们的注意持续时间相对较短。有鉴于此，专业教师设计的教学活动通常不会超过 15~20 分钟。教师如果在两段 15 分钟的讲授中间插入 5 分钟的口头练习，会比讲授 30 分钟后再开展 5 分钟的练习更能保持学生的注意。电视肥皂剧每过 5~10 分钟就变换活动的焦点，便是一个吸引观众注意的典型例子。

案例 1 爆米花机

当史密斯老师的学生走进十年级创新性写作教室时，他们听到一种不同寻常的声音。在教师的讲台上，有个装满玉米的电动爆米花机正在工作。很快，教室里充满了刚刚出炉的爆米花的香味。爆完爆米花后,史密斯老师给每位学生装了一碗爆米花。学生吃完后,老师要求他们从视觉、听觉、嗅觉和味觉方面大声描述爆米花。史密斯老师将这些内容作为五种感觉写作练习的导入。

4. 成功。当学生在他们觉得有挑战性的工作中取得成功时,他们对后续学习的动机就会增强。期待那些经常失败的学生在后续学习活动中有主动参与的动机是不合理的。因此,对教师而言,为那些平时不怎么成功的学生创造成功机会非常重要。教师可以通过制定清晰的目标、清晰的"小步子"教学以及在每个环节检查学生的理解状况来帮助学生成功。教师也可以通过帮助学生获取列出大纲、记笔记和正确利用课本等独立学习必需的技能来帮助学生取得成功。尽管如此,帮助学生取得成功最有效的技巧,是保证教学内容难度适当。教学内容要适合学生,考虑学生在本门学科的先前学习经验。

5. 压力。教学压力是学生意识到自己需要展示学习而感受到的关切和焦虑。适度的压力有助于学习。学习环境中如果没有压力,学生可能会太放松而不学习。反过来,如果压力过大,学生可能将更多精力用于处理压力而非学习。创造适度压力的结果是激发学生动机且没有给他们带来负担。

当学习任务本身很有趣并对学生具有挑战性时,教师就不需要施加压力。当学习任务很普通而且学生不感兴趣时,教师施加适当的压力能够增强学生的学习动机,改善学习效果。教师向学生施加适当的学习压力的行为包括:在教室里来回走动,随机选择课堂提问对象,使用课堂测验,检查家庭作业和课堂作业,提醒学生所学内容将会考试。

6. 学风(feeling tone)。学风是课堂中的情感氛围或风气。根据玛德琳·亨特(Madeline Hunter)的研究,学风分为"非常积极的""积极的""一般的""消极的""非常消极的"五类(Hunter,1982)。"非常积极的"学风可能因为"过甜"而分散学生注意;"一般的"学风平淡无奇,无法激励学生学习;"非常消极的"学风是有威胁性的,并可能使学习压力过大。最有效的学风是"积极的"。在这种学风中,学习氛围舒适而友好,学生全神贯注于学习任务。教师可通过以下行为创造"积极的"学风:把教室装饰得让学生感到舒服自在,以礼貌且友好的态度对待学生;对作为个体的学生表达真心的兴趣;以言语和非言语的方式与学生积极交流。参见案例2,看看教师如何表达对学生的兴趣。

尽管"积极的"学风最能激发学习动机,但是暂时的"消极的"学风也有必要。如果学生没有学习,没尽自己的义务,那么用一些精心选择的纠正性评论将学生"摇出安乐椅"也是必要的。聪明的教师明白持续的"消极的"学风的消极后果,因此多数时候会保持"积极的"学风。

案例2 课间交流

戴利是初二年级的英语教师。他课间休息时并没有站在走廊上,或与同事聊天。相反,他用三分钟时间跟每个学生交流。他跟学生谈他们的校外活动、业余爱好、计划与志向、学校每天发生的事情以及对学校和戴利老师教学的感受。他觉得这些三分钟交流确实为课堂教学创造了更为积极的氛围,并让他将学生看作个体。

7. **反馈**。反馈能够提供提高表现的信息和衡量进步的标准,因此能够激发学习动机。当反馈是具体的,而且在学生表现时或稍后给出时最有效。教师给学生的考试和作业提供反馈的形式包括口头的和书面的。另外一种利用反馈激发动机的方式,是让学生随时间推移记录自己的进步情况,并定期给他们提供反思自己进步情况的机会。

8. **鼓励**。鼓励是激发学生动机的好办法。鼓励强调学生行为的积极方面,承认学生的真实付出,表达对学生将来行为的积极期望,尊重和信任学生。教师和家长经常指出学生如何达到他们的期望。仅仅关注缺点和过错会伤害孩子的自尊,如斯威尼(Sweeney,1981)所说的鼓励性交流则能增强自尊。鼓励强调学生现在与将来的行为而不是原先的过错,强调已经掌握的内容而不是没有学会的内容。

案例 3 中的约翰逊老师如果能够在指出海迪拼写错误的同时考虑其中的积极方面,就会对他有更加积极的影响。毕竟,孩子在经历两次失败后在这次考试中考了 68 分。如果要对鼓励有更多了解,可参阅德雷克斯(Dreikurs)的《儿童与挑战》(*Children and Challenge*)(1964)。

案例 3 非建设性反馈

约翰逊老师正在发七年级学生的图书馆图书阅读报告。海迪焦虑地等着她的报告。她读了一本考古学图书并且读懂了。她在报告中花了很大篇幅解释利用文物还原古人生活的必要性。但当收到报告时,她很沮丧。报告中的单词"artifact"(海迪写成了"artafact")被圈出来两次,并且上面写了"拼写错误"。约翰逊老师在报告的末尾写道:"拼写错误是粗心造成的,这种错误不可接受。"除此之外,他在报告中唯一的标记就是等级"C"。

在课堂教学过程中如何应用已有的研究发现提高学生的学习动机?备课时请考虑以下问题:

1. 如何在本次学习活动中利用学生的天然兴趣?
2. 如何在本次活动中满足学生的基本需要?
3. 如何在本次活动中使用创新的设计和材料?
4. 如何使学习活动丰富多彩?
5. 如何保证学生学习成功?
6. 如何为这个学习任务营造合适的学习压力?
7. 如何为学习活动创造良好的学风?
8. 如何为学生提供反馈并且让他们认识到自己的进步?
9. 如何鼓励学生?

上述九个问题也是解决纪律问题的重要资源。认真考虑这些问题,教师就能找到办法激发学生的学习动机,减少学生在纪律方面的问题行为。

教师期望

教师期望影响学生的学习和动机。从20世纪70年代开始,诸如汤姆斯·古德(Thomas Good)和杰瑞·布罗菲(Jere Brophy)等研究者对基于不同期望的教师行为开展了很多观察性研究。这些研究显示,教师经常向自己认为的低成就者表达低期望。这种低期望通过如下行为表达：

1. 较少让低成就者回答问题；
2. 在他们回答问题时给的思考时间较少；
3. 在他们回答问题有困难时，较少为他们提供线索和暗示；
4. 较少表扬低成就者的正确回答；
5. 更多地批评低成就者的错误回答；
6. 在低成就者给出差不多的答案时就表扬，而要求高成就者给出更精确的答案；
7. 与低成就者的空间距离和心理距离都更远；
8. 很少对低成就者表达个人兴趣；
9. 对低成就者微笑的频率较低；
10. 与低成就者交流眼神的频率较低；
11. 较少称赞低成就者。

对教师而言，上述中有些行为也是出于好意。例如，给低成就者较少的思考时间可以避免学生在不知道答案的情况下的尴尬。可是，这些行为的累积效应是向学生传递一个明确的信息："我认为你做不了。"这个信息会引发恶性循环。学生开始调低对自己的期望并表现较差，而这正好证实了教师原初的期望。虽然在有些情况下，教师有理由对某些学生期望偏低，但是传递低期望只会带来消极影响。

研究显示，当教师平均分配回答、反馈和参与的机会时，能提高学生的学习效果。这一点毫无疑问。对所有学生传递高期望能够让低成就者学到更多；而不管基于什么原因，传递低期望只有消极性后果(Good & Brophy, 1987)。

尽管这个领域的经验研究将教师期望效应局限在学习成绩

上,但是我们相信,其结论对学生行为同样有效。对学生行为传递高期望有助于激发学生的积极行为,传递低期望则有助于激发学生的消极行为。如果一位教师对学生说:"我相信你们都会认真完成家庭作业,因为你们知道家庭作业是巩固知识的重要方式。"另一位教师说:"我知道你们可能不喜欢家庭作业,如果没有完成,我会扣分。"第一位教师比第二位教师更有可能让学生完成家庭作业。正如布罗菲(Brophy,1988a,p.11)所言:"不断向学生传达积极的期望、归因和社会性标签有助于培育积极的自我概念,并激发他们的亲社会行为。简言之,那些被认为具有尊重、责任、道德和亲社会品格的学生比那些被视为拥有相反品格的学生更容易实现这些期望,获得这些品格。"根据这些研究,所有教师都应该回过头来想想自己通过言语与非言语课堂行为传递给学生的期望。

学生动机:学生认知

在这一节里,我们从学生认知及其对学习动机影响的角度来审视动机。在这方面,至少有三个学生动机理论可供教学应用,分别是认知理论、归因理论和期望×价值理论。

学生动机的社会认知理论(Bandura,1986)是阿尔伯特·班杜拉(Albert Bandura)最早提出来的。班杜拉质疑强调外部强化的行为主义动机观。他认为,个体的思想观念在确定他的动机水平和理解外部强化中起着关键性作用。他的研究显示,个人评价和自我满足感是行为的有效强化。实际上,它们可能比外部强化更有效。研究表明,让学生参与制定个人目标,而且定期为他们提供监督和反思自己目标达成情况的机会,能够提高学生的努力水平。

实际上,根据他的观点,外部表扬会削弱自我评价并养成对他人的依赖,因此会降低个体内在的成就动机。

班杜拉关于个体评价和自我满足感的研究将我们引向一个相关概念:自我效能感。自我效能感是个体对胜任某个具体任务的期待。自我效能感高的人比自我效能感低的人更有可能努力完成任务,因为他们觉得自己有成功的潜力。自我效能感低,努力水平就低。自我效能感源自以往的表现以及对其他人在类似情景中的表现的观察。我们和观察对象(榜样)的相似性越大,榜样的表现对我们的自我效能感水平的影响就越大。

如果把社会认知理论应用于课堂,那么教师的中心任务便是不断地鼓励学生取得进步和成就。教师应该让学生设计具体、明确和真实的目标,然后提醒学生朝着这些目标努力。当学生获得成功,教师就要鼓励他们进行自我强化,对将来的学习任务持积极的自我效能感。

归因理论涉及学生对学业任务成功和失败原因的主观认识。很明显,学生对学业任务成功和失败的归因对他们的动机有直接影响(Stipek,1993)。现有的研究已经找出五种学生归因的对象。它们分别是能力、努力、任务难度、运气以及诸如教师等其他人(Ames & Ames,1984)。在这些归因对象中,只有努力是学生可以直接控制的。当学生将成功归因为努力,将失败归因为缺少努力或努力方式不当时,他们在将来往往会更加努力。"那些认为个人努力会影响学习的学生,比那些认为学习依赖于教师、任务难度或运气的学生,更有可能努力学习。"(Wang & Palinscar,1989)

如果学生认为失败是能力不足造成的,那这对将来表现的影响就相当糟糕。消极的自我效能感会扩散,而且由于学生相信他们不太可能成功，他们就不会看到努力的价值。如果这种消极的能力评价更加内化并损害自我价值，学生就会出于防御机制而停止努力。不再努力能够保证他们的自我概念不受伤害。他们可能轻松地耸耸肩，说："如果我想做，我会完成它，可是我真的不觉得这值得一做。"过多的消极能力归因损害了自我，好面子则阻碍了这个过程。为了避免"失败—不再努力"的恶性循环，教师要认识到将没有竞争力的学生放在竞争环境中或者让学生完成难度太大的任务的危险性。

归因理论对课堂教学的启发清晰明了。教师给学生的任务应该具有中度的挑战性，而且在他们的能力范围之内。教师可能需要将复杂的任务变成学生能够处理的小任务，或者为学生提供大量"脚手架"，特别是在学习初期。教师应该鼓励学生在竞争性任务中以正确的方式努力。当学生成功时，教师要将此归因于学生的努力。当学生失败时，教师要提醒学生反思是不是自己努力不够或学习方式不恰当。研究显示，教师关于学生成功或失败的归因说明是影响学生归因的关键因素。

期望×价值理论认为，个体在任何任务中付出多少努力，是两个因素相互作用的产物，这两个因素是能够获得成功的信念和成功完成任务得到的结果的价值（Feathers，1982）。这两个因素之间的关系可以用乘法表示。请注意，这两个因素当中任何一个为零，都不会激发个体的努力。因此，如果学生相信自己有在学术性任务中成功的可能，而且重视学术成功带来的好分数或者其他成果，那么他将付出很大的努力；如果学生怀疑自己在学术性任务中获得成功的能力，或者不重视学术成功带来的好分数或者其他成果，他付出的努力可能就非常有限。要让学生努力学习，教师可以鼓励学生相信自己能够成功,或者提升学习结果的价值。

古德和布罗菲(Good & Brophy,1997)曾建议教师在教学过程中按照以下步骤运用期望×价值理论:(1)创建富有支持性的课堂氛围;(2)确定学习活动的适当难度;(3)开发对学生有个体意义且与学生相关的学习目标;(4)让学生设计个人目标和自我评价。为了成功运用期望×价值理论,教师还需要帮助学生认识到努力和结果之间的关系,如归因理论所建议的。

课堂程序

课堂教学中的指南有两种:程序和规范。程序是在特定的时间或活动中要求具体行为的课堂常规,课堂程序旨在完成任务而不是管理破坏性行为。课堂程序的例子包括:收发材料的标准方式,进出教室的标准方式,考勤的标准方式。课堂程序反映了课堂教学顺利进行所需要的各种行为,并很快成为开展教学的内在组成部分。教学生学会并遵从程序主要是通过举例和示范。仔细设计和认真贯彻的课堂程序能够将学生用于学习任务的时间最大化,这是通过减少在日常教学活动中学生寻求指导的需要和教师给出指导的需要。某些特别重要的程序,例如火警演习时撤离的步骤,以及考试和作业的提示信息,可能需要显著地标识出来供学生参考,因为学生经常不会立刻学会课堂程序,教师必须为他们提供反馈,并给予练习的机会。不过,用于程序教学的时间是值得的,最终能够形成一个成功的管理系统(Brophy,1988b)。在一些特别需要程序的地方,例如艺术课堂、科学实验室和小学生课堂,教师就要求学生练习规定的程序。在一些程序与安全或者技能学习直接相关的课堂教学中(例如,工业艺术中的仪器操作或科学实验中的操作技巧),教学目标在包括学科内容目标的同时还要包括程序。在这些案例中,程序成了课堂教学不可或缺的组成部分。对那些没有遵守程序指导的学生,利用自然后果和逻辑后果去教育他们非常恰当。自然后果是没有教师干预的情况下学生行为引发的后果。例如,如果学生在作业上没有写名字,那么教师就没法记分;如果不按实验程序操作,那么就没法得到正确结果(如果没有安全问题)。

在学校环境中,逻辑后果比自然后果更正常,应用更广泛。逻辑后果是由教师干预却与学生行为直接相关的后果。例如,学生没有正确排队离开教室,那就减少他们的休息时间;学生损坏教科书,那就要他们赔偿。

自然后果和逻辑后果都是非常有力的管理概念,因为学生体验到的结果都与他们的行为直接相关。除此之外,因为只有学生对这些结果负责,教师才可以避免充当惩罚者的角色。

课堂规范

课堂规范与程序不同,它关注恰当行为。课堂规范为开展教学所必需的行为提供指南。课堂规范涉及的行为范围比课堂程序更广,因此规范养成过程更为复杂、耗时。

对规范的需要。学校教育,特别是课堂教学是动态的。几乎在任何课堂中,学习活动都是广泛多样的,既有个体独立作业,也有同学之间相互合作的大组项目研究。这种动态变化当然有助于激发学生的学习动机。然而,人类行为对不同情境中的条件变化和同一情境中的条件变化非常敏感(Walker,1979)。有证据表明,儿童,特别是调皮的儿童,对情境与条件的变化非常敏感(Johnson, Boadstad, & Lobitz, 1976; Kazdin & Bootzin, 1972)。因此,课堂规范是非常必要的。

课堂规范应该组织恰当的教学环境以便保证教学的连续性和质量,而不是控制学生(Brophy,1988a)。设计恰当的规范,以改善学生的学习行为并提高学习效果。

确定必要的规范。给学生列出长长的"要做什么"清单和"不许做什么"清单是没有效果的。那些试图将所有能够想到的课堂行为纳入规范的教师,其实将自己放在一个必须观察和监督学生课堂中可能微小也不重要的行为的尴尬位置。这样做,教师就没有时间教学了。对学生特别是小学高年级学生和中学生而言,这个清单可能是吹毛求疵和无法遵守的。他们将那些监督和改正自己每个行为的教师视为唠叨的、不合理的和富有控制欲的。

教师必须独自或与学生一起开发出公正、真实并为建立良好课堂环境所必需的课堂规范(Emmer et al.,1997)。为了做到这一点,教师在第一次上课前就必须认真思考:"在我的课堂上,为了避免出现纪律问题,我需要学生怎样表现?"为了回答这个问题,请记住纪律问题的定义:纪律问题是任何干扰教师教学、其他同学学习或在生理上和心理上不安全以及破坏财产的行为。因此,任何由教师独自或与学生一起开发的规范,都要从满足以下需要中获得合理性。这些需要是:(1)教师的教学需要;(2)学生的学习需要;(3)学生生理上或心理上的安全需要;(4)财产安全的需要。这样开发和合理化的规范对学生才有意义,因为它不是随意的。这种规范也有助于学生违反纪律时使用自然后果法和逻辑后果法。

确定后果。学生如果不遵守课堂规范,就要承担相应后果(Canter,1989)。后果的类型及其应用方式可能决定了学生是否遵守规范、是否尊重教师。因此,确定恰当的后果与开发规范一样重要。

但是,教师通常更多地考虑设计规范,较少考虑设计后果。当学生违反规范,教师通常会简单地在现场决定后果。这种方式会导致前后不一且不合理的后果。学生会认为这种后果不公正、不合理并与自己的行为无关。这种对教师行为的观念危害了教师课堂管理的有效性,并导致更多破坏性行为。

尽管教师应该事先设计结果,但是人们对学生是否应该事先知道结果尚有争议。有些教师认为告诉学生结果能够帮助他们努力达到教师的期望,避免后继关于结果公正性的抱怨。另外一些教师认为,事先告诉学生结果会给学生一种不按教师期望行事的印象。他们跟学生交流时倾向于不交代后果,因为他们认为所有学生都会努力不辜负教师对他们行为方面和学术方面的期望。这个争论并没有经验性答案。这是一个教师信念与倾向问题。

交流规范。如果课堂规范由教师独自开发,那么他必须清晰地与学生交流这些规范(Canter,1992; Evertson & Emmer, 1982; Jones & Jones, 1998)。清晰的交流需要讨论这些规范是什么以及每条规范的合理性(Good & Brophy, 1997)。学生只有理解规范的目的,才会将其视为合理的和公正的,才有可能表现出恰当的行为。

课堂规范的措辞同样重要。要想某些课堂规范对教师和学生都有效,就要在开始时就说明"我们都要",然后是对行为的期望及其理由。例如,教师可能说:"有人发言的时候我们都要认真听,不要打断他。因为尊重每个人参与和发表意见的权利很重要。"这样的措辞体现教师以身示范的原则(Brophy,1988a)。

教师与学生交流行为期望及其理由非常重要,但这不能保证所有学生都能理解并接受这些规范。教师采取的最后的关键性策略是确保每位学生都理解并承诺遵守规范(Jones & Jones,1998)。

获得承诺。当人们达成共识,通常以握手或签约结束。人们试图通过这种方式表示自己将会遵守共识中的各项约定。共识经常被破坏,握手、口头承诺或书面文件能增加按共识行动的可能性。记住这一点,我们就知道,聪明的教师会让学生表达自己对规范的理解以及他们遵守规范的意愿。

规范和指南中的文化意蕴

当教师建立并教授课堂规范和程序时,应该牢记学生来自不同的文化背景。文化为某个群体共享并体现为他们在特定环境中各种谋生行为中的知识、习俗、仪式、情感、传统、价值观和规范。因为课堂中的学生来自不同的文化背景,他们会将不同的价值观、规范和行为预期带到课堂。在教学过程中,教师常常忽视学生的文化差异而假定他们来自相同的文化背景。不过,这并不是明智的策略。学校和课堂都不是文化中立或文化无涉的场所。大多数学校都遵守欧洲中产阶级白人的价值观、规范和行为模式。正如欧文(Irvine,1990)所言,这些价值观和规范与非裔美国人、西班牙裔美国人以及美国土著等少数族裔的价值观、规范和行为模式存在巨大差异。

因为存在文化差异,很多少数族裔学生在学校中会体验到文化失调或缺少文化认同(cultural synchronization)。这就是说,教师和学生期望的行为并不相同。文化认同是影响教师和学生建立积极关系极其重要的因素。据阿比-纳迪尔(Abi-Nader,1993)所言,交往理论中被证实的最坚实的原则是同质原则。同质原则认为,两人的背景、态度、感知和价值观越相似,他们彼此交流的效果就越好,他们就会变得越相似。教师与学生之间如果缺乏认同,就会造成误解,并常引发冲突、不信任、敌对以及学校生活的失败(Irvine,1990)。"典型的学校生活经验是诋毁非裔美国人及其文化。学校生活确实否定这种文化的存在。这些孩子带到学校中的语言被认为是有缺陷的,是对英语的侵蚀。他们的家庭组织被认为是病态的。非裔美国人在历史、文化和科学方面的贡献被忽视,或被认为是无足轻重的。"(Ladson-Billings,1994,p.138)

为了说明文化认同的重要性,欧文列出了白人和非裔美国人若干文化方面的差异。我们在以下讨论中使用这些差异,仅仅是将之作为例子说明文化对价值观、规范和行为预期的影响。跟欧文一样,我们也认识到,这些差异并非存在于所有白人和非裔美国人之中。当然,我们也可以用任何其他非主流文化群体来说明这些差异。记住这些告诫,我们就可以介绍欧文识别的一些文化差异。

非裔美国人往往比白人更高调、更活泼、更热情、更富对抗性。非裔美国人喜欢的交流方式是参与对话、一起发言,而不是轮流发言。非裔美国人喜欢热情洋溢地为信念辩护,而白人倾向于情感中立、置身事外和富有逻辑地说理。非裔美国人的认知方式通常是关系性的、场依存的,而大多数白人的认知方式是分析性的、场独立的。非裔美国人喜欢通过自由运动学习,而白人往往限制运动。最后,在学习过程中,非裔美国人比白人更关注人,他们喜欢与他人互动。这些文化差异的结果是,非裔美国人在以白人文化为标准的环境中经常发现他们表现性的行为方式遭到批评(Kochman,1981)。

文化差异带来的价值观、规范和行为预期差异对教师有几点启示。首先,教师必须明白学校是受文化影响的机构。学校宣传的价值观、规范和行为在文化上并非中立。它们总是受到某些具体的文化倾向影响。因此,学校和课堂的规范和指南都是有文化渊源的。其次,教师要努力学习学生的文化背景。这可以通过以下方式实现:在不同环境中观察学生相信什么;跟学生一起交流他们的行为表现并向他们学习;让学生家长和社区成员参与课堂教学;参与社区的重要活动并学习更多学生家庭所在社区的制度。"如果学生在学校中关于自己文化和主流文化的感觉都是肯定性的,而且没有脱离自己的文化,那么他们就不太会失败。"[Cummins(1986)in Ladson-Billings,p.11]再次,教师应该承认并且有意识地将学生的文化背景和行为预期整合到课堂教学中。当教师的规范和行为预期与学生的文化期待相冲突,就有必要重新检查和协商这些规范和程序。至少,应该明白无误地告诉学生这些规范和程序为什么很重要。不用说,制定这些规范的理由应该与本节前面所说的保持一致。最后,如果学生出现不恰当行为,教师要退一步从学生的文化背景方面来考察这些行为。使用不同的文化"透镜"审视行为能够为教师认识每位学生提供不同启示。显而易见,源自不同文化背景和期待的违规行为与学生故意做出的违规行为应该区别对待。

创建小组规范，形塑个体恰当行为

尽管教师和学生都带着自己的文化进入课堂，但是课堂也会形成自己的文化。经过一段时间，课堂中形成的规范会对学生行为产生巨大影响。

原先，教师并未关注课堂中的学生同辈群体文化和小组规范。他们关注的是作为个体的学生并将形塑个体恰当行为视为教师和学生个体之间的事情。因此，学生之间小组规范的发展几乎放任自流了。不过，越来越多的证据表明，教师能够建立小组规范。这种规范不仅可以促进学生亲社会行为的发展，而且可以促进他们建立积极的同辈群体关系。这种关系可以促进自尊心的四个组成部分：意义、权力、能力、美德。将面对面互动、积极的相互依赖和个人负责制纳入其中的合作学习有助于建立积极的小组规范。当教师全力以赴地帮助学生在合作学习活动中发展其作为小组成员所必需的社会技能时，就提高了合作学习活动对创造积极小组规范的效力。

约翰逊、约翰逊和霍卢贝茨（Johnson, Johnson, & Holubec, 1993）识别出学生在小组活动中有效学习所需的四组技能：形成性技能（forming skills）、功能性技能（functioning skills）、规划性技能（formulating skills）和酝酿性技能（fermenting skills）。当这些技能都已形成并经小组顺利运用，小组规范就会发展，而且小组内的学生会：（1）全神贯注地学习；（2）为取得好成绩而努力；（3）以有助于发展积极自尊的方式互动。

形成性技能是一组有助于小组组建并使小组活动顺利、有效开展的管理技能，包括：小组成员以不打扰他人的方式悄悄地进入小组；跟其他成员待在一起而不是在教室里闲逛；发言的音量足以使小组成员听到,但其他人听不到;鼓励小组所有成员参与小组活动。

功能性技能是一组旨在控制小组成员间互动类型的管理技能,包括:让小组活动始终聚焦在学习任务上;支持和接受他人;寻求帮助或要求进一步澄清;提供解释或把内容说清楚;重新表述或总结别人的发言。

规划性技能是一组帮助学生合理处理材料的技能,包括:总结主要观点;寻找观念间的联系;详尽阐述观念;寻找有效记忆信息的方法;通过讨论检查各种解释和观念。

最后,酝酿性技能是解决小组内部认知冲突的一组技能,包括:批评观念而不是人;总结不同的观念;寻找观念的辩护;扩展别人的观点;寻求更多信息。约翰逊、约翰逊和霍卢贝茨(Johnson, Johnson, & Holubec, 1993)建议教师在教授学术性目标的同时教授这些社会性目标。因此,当教师规划合作学习活动时,规划学术性目标的同时必须规划社会技能目标。教师在教学目标中明晰地写出社会性技能目标,有助于使自己和学生关注这些目标。教师应该在合作活动开始前给学生解释这些目标,并保证学生理解如何将其贯彻在自己的行动中。一旦教师觉得学生理解了这些社会性技能的含义,学生就可以在合作学习活动中练习这些技能。在学生练习的时候,教师在教室里一组一组地查看学生的学习情况。在合作学习活动结束后,教师要引导学生反思社会性技能学习情况并为将来更好地运用这些技能设定目标。尽管在教授学术性内容的同时教授社会性目标要花费时间,但这是值得的。首先,很多社会性技能都是学生将来作为成人取得成功所必需的。其次,当学生积极开展互动时,课堂中有助于亲社会行为和帮助学生投入恰当学习活动的小组规范就会得以发展。

管理学生偶发常见的问题行为

积极的干预技能

学会使用下列积极技能，减少使用更具干扰性管理技巧的必要性。

1. **改变课堂活动的节奏**。揉眼睛、打哈欠、伸懒腰和向窗外眺望，都是需要教师改变课堂节奏的明显迹象。这时，教师需要重新组织情境，做游戏，讲故事，或开展要求学生主动参与并有助于恢复学生注意的活动。为了减少教学过程中临时改变活动节奏的需要，教师在备课时就应设计适应学生注意广度和兴趣的各种学习活动。

2. **拿走干扰性对象**。这项技能在使用时要尽量不干扰教学行为。当然，拿走的对象在课后要还给学生。教师如果发现学生在玩玩具、看杂志、梳头发，可以直接走近并收走这些东西，悄悄告诉学生课后会还给他们。

3. **提高分神学生的学习兴趣**。当学生分神时，教师可以向学生显示自己对其作业的兴趣，从而让学生集中注意。这种技能经常用于学生独立或合作完成课堂作业时。这种时候，学生聊天、做白日梦以及做出其他分神行为的比例最高。如果教师发现学生在做与课堂作业无关的事情，可以走近学生询问作业完成情况，或者查看学生的答案。这就能提高学生的学习兴趣。让学生把正确答案写在黑板上也非常有效。不管使用什么技巧，教师都要尽力提高学生的学习兴趣。

4. 改变分神学生的行为。这个技能可以帮助学生重新集中注意。当学生传纸条、聊天或做白日梦时,教师可以要求他们阅读材料或回答问题。在使用这个技巧时,教师要像对待认真学习的学生一样对待他们。例如,如果叫一个分神的学生回答问题而他回答对了,你要给予积极的反馈。如果他没有回答正确,你要重新组织问题或找别人回答。教师如果让学生感到尴尬,或嘲笑学生("如果你认真听就知道怎么回答了"),都会引起更多的违纪行为。不管学生是否回答了问题或是否找对了阅读内容,都不要给予消极评论。教师发送给学生的"集中注意学习"信号都会被学生明白无误地领会。

5. 非惩罚性暂停。这项技能用于学生愤怒、痛苦、沮丧和疲劳的时候。教师在这时可以悄悄地问学生是否需要出去喝点东西,或者让学生跑跑腿,做点杂务。学生活动的改变能够使他们在重新回到学习环境前控制自我。教师必须警惕学生受挫的表现,以便及时帮助他们。

6. 鼓励其他学生的恰当行为。教师向所有学生说:"我很高兴看到约翰和安德里亚(Andrea)把书打开了。"这提醒其他学生注意教师的期望行为。

7. 为期望的行为提供线索。线索是让学生表现出教师期望行为的有效手段,但是教师必须保证所有人都明白线索的含义。例如,如果教师期望学生在铃声响过之后都坐在座位上准备上课,那么他就必须保证每位学生都明白铃声代表着上课。在没有铃声或其他指示物时,关门也是一个合适的线索。有些教师会打开教室里的灯,表示课堂里的声音已经不可接受。教师长期坚持使用相同的线索,通常会引起学生的快速反应。

补救性干预技能

教师熟练使用积极技能，能消除很多表面的行为问题，而且也将对教学的干扰降到最低。不过，课堂中的纪律问题总是存在的。

纪律问题各种各样，从比较轻微的分神到比较严重的干扰性行为。教师精通传递干预技巧有助于打造卓越的课堂。在这种课堂中，纪律问题被最小化，教师可以不受干扰地教，学生可以不受干扰地学。

教师在给出任何干预措施前，必须有如何应对课堂常见违纪问题的决策依据。为了避免不连贯和随意性，教师必须有一个系统的预定行为干预计划。这个计划要向学生的大声喊叫、扔纸头、随意走动、传纸条等任何干扰教学的行为说"不"（Canter，1989；Lasley，1989）。

教师干预决策方法是一组分等级排列的教师行为。因为我们相信学生必须控制自己的行为，因此最初的干预比较温和且以学生为中心。这些干预尽管也传达了教师的"不"，但它们都应该为学生控制自己的行为提供机会。如果违纪行为没有停止，教师的干预就越来越有干扰性，且以教师为中心。这就是说，教师负起了管理学生行为的责任。

因为我们都相信管理本身不应该干扰教学行为（Brophy，1988)，因此初期的干预几乎都是教师和分神学生之间的非公开性对话。这种干预提醒学生，但几乎不对教学产生干扰。如果这些处于教师决策等级第一层的非言语性干预没有成功，就要使用第二层和第三层的干预：教师言语行为和后果。这些层面的干预越来越是教师中心的，越来越具干扰性，而且可能对教学行为产生一定干扰。

这里所说的教师决策等级是动态的，我们并不希望教师困在刻板、有序和像菜谱一样的干预方法上。这个模型将首先应用决策等级中的哪种干预由教师决定。应该根据违纪行为的类型和频率来选择，而且与下述五个原则相符。这些原则有助于确保任何干预都满足决策等级的两个基本理念：提高学生的自我控制能力和减少教学活动的违纪行为。

1. 教师的干预给学生控制自己的违纪行为提供机会。直接用"教师中心"的干预技能管理学生行为的课堂，不能让学生的自我控制能力得到最好的发展。因为我们认为，每个人都可以有意识地选择行为方式，而且不应该强迫某人学习某种合适行为，因此开始阶段的干预应该促进他们自我管理而非强迫他们。为了学会负责，教师必须给学生负责任的机会。

2. 教师的干预不应该比纪律行为本身对教学的干扰还大。我们都见过教师干预行为比学生分神行为更具干扰性的例子。这种情况在教师选择的干预技能处于决策等级顶端的时候经常发生。例如，教师在使用私下非言语性干预更有效的情况下选择了公开的言语干预。这时候，教师成了比学生还严重的教学扰乱因素。

3. 教师的干预减少学生更具干扰性和对抗性的可能。干预行为应该减少并消除对抗性情境。教师使用那些公开性、挑衅性和羞辱性的干预技巧增加了对抗和争斗的可能。再强调一遍，教师从决策等级中选择哪种干预，对学生回到学习任务还是更具对抗性有着非常重要的作用。

4. 教师的干预保护学生不受生理与心理伤害，而且不引起生理或心理伤害。当教师观察到存在可能伤害任何学生的行为时，干预应该是快速和教师中心的。在这些情况下,通常跳过非言语性干预而直接使用言语干预。在任何情况下,我们都要非常小心地不让干预本身变成对学生和教师构成伤害的源泉。

5. 对某种具体干预的选择要使在需要时对后继备选干预的选择最大化。教师都知道,管理学生行为经常需要教师多次干预。学生出现纪律问题后教师一管就永远奏效的情况非常罕见。教师把第一次犯错的学生赶出教室的做法并不明智。如果学生返回教室后继续捣乱,那这一干预措施给教师后继可选的干预留下的空间就很少。恰当地选择使用决策等级中的干预技能,教师就能留下很多备用的干预技能。

教师使用任何修正性干预技能的目的是让学生重新表现出恰当行为。记住这一点非常重要。让学生停止违纪行为可能是管理的第一步,但这还不够。只有学生重新开始学习,教师的管理才算达到目标。因此,如果别人向教师介绍某个管理学生纪律问题的技巧,那么在应用之前应该问的问题之一便是:"这个技巧是否有助于学生表现出恰当的行为?"

位于修正性干预技能等级第一层的是非言语技能,包括四项技巧:有计划的忽略、信号干预、接近干预和接触干预。最先识别出这些身体语言干预技巧的是雷德尔和瓦恩曼(Redl & Wineman,1952)。如果随机使用这些管理技巧,它们可能对较小的纪律问题都效果有限。可是,如果有意识地按照预先的逻辑顺序使用,它们就能解决中度的分神问题(Shrigley,1985)。

有计划的忽略

有计划的忽略建立在强化理论基础上。这种理论认为,如果你忽略一个行为,它就会减少并最终消失。尽管这听起来很简单,但是完全忽略一个行为很困难。这也是强调"有计划"的原因。当学生吹口哨、喊叫或打断教师讲课的时候，教师会本能地转向他，因此给了学生关注并强化了他的行为。相反，有计划的忽略有意识地完全忽略了学生的这些行为。当然，这需要练习。

这种干预有其局限性。第一，根据强化理论，如果一个行为曾经被强化过，那么移除强化在短期内会导致更多的相同行为，因为这种行为还想接受强化。这样，第一次使用有计划的忽略时，分神行为可能会增多。因此，这个技巧只适用于那些对教学影响较小的行为（Brophy，1988）。第二，学生的干扰性行为往往会被关注这些行为的其他学生强化。如果是这样，那么教师的有计划的忽略就难有效果。

通常，使用有计划的忽略策略来管理的行为包括：没有准备上课材料；不举手就喊出答案；轻声的或不经常的口哨；打断教师讲课和做白日梦。很明显，学生的学习类型与这些行为是否可以忽略之间有着很重要的关系。如果教师采用有计划的忽略策略一段时间后发现这并不奏效，或者学生的违纪行为已经开始吸引其他学生，那么教师就要快速且自信地进入等级结构的下一步：信号干预。

信号干预

信号干预是教师在不干扰其他学生的情况下，使用任何类型的非言语性干预让违纪学生知道自己的行为并不恰当。信号干预必须直接指向分神的学生。学生应该毫无疑问地意识到，教师知道发生了什么，而且自己应该对此负责。教师的表达要干脆利落。教师带着微笑与学生做眼神交流往往无效。微笑向学生传达了一个可疑的信息，让学生迷惑不解，学生可能认为教师不够严肃。

信号干预行为的例子包括：与正在和同桌交谈的学生做眼神交流；对正在闲逛的学生指出座位；对正准备扔纸飞机的学生摇头；举手制止喊叫的学生。像所有的应对技巧一样，信号干预也根据学生违纪行为的类型、持续时间和频率分为不同的等级。学生第一次喊叫时可能用一个手势就够了，但是学生再次喊叫时，教师就需要与学生做眼神交流，表达自己的不赞同。

如果干扰性行为继续或者影响了其他学生的学习，教师就要使用决策等级结构中的下一项干预：接近干预。

接近干预

接近干预就是走近违纪学生。当信号干预不起作用，或者违纪学生没有注意到教师发来的干预信号时，就要使用接近干预。

通常情况下，教师在上课过程中走向学生就能把学生带回课堂。如果无效，教师可以在学生课桌附近继续讲课。这通常非常有效，特别是在提问阶段。

接近干预与信号干预相结合，会形成一个非常有效的非言语管理技巧。如果教师跟学生做了眼神交流，而且走向违纪学生的课桌，学生通常会开始学习。像信号干预一样，接近干预也包括从平静地走向学生到故意站在学生旁边或背后的不同等级。如果接近干预没有带来预想的效果，教师就应使用决策等级结构的下一项：接触干预。

接触干预

当教师牵着学生的手将其送回座位或者把手放在学生肩膀上时，他就在使用接触干预。接触干预是教师与学生身体的轻微且非进攻性接触。接触干预不用任何言语交流，却向学生表达了对其违纪行为的否定。在可能的情况下，接触干预也应该将学生引导到恰当的行为上,例如,引导学生回到座位上,或把学生的手从同桌的课桌上拿回到他自己的作业本上。

使用接触干预时,注意到其局限性和可能带来的消极后果非常重要。有些学生将任何教师接触视为攻击性行为,而且回之以攻击性行为。有一次,我们看到一位教师平静地走向一个站在座位上的学生并拍了拍她的肩膀。这个学生转身对抗教师,生气地喊道:"不要把手放在我身上!"为尽量避免这种情况的发生,教师在对明显表现出愤怒或心烦意乱的学生以及年龄偏大的学生,特别是异性学生使用接触干预时,要特别谨慎。在使用所有管理技巧时,教师既应充分认识学生特征,也应认识到环境特征。

课堂言语干预

在任何可能的时候使用非言语性干预,有以下四个优点:(1)很少干扰学习过程;(2)很少发生师生对抗;(3)在使用过于教师中心的和公开的干预前,为学生提供了自我改正的机会;(4)最大限度地保留备选干预措施。非言语性干预可能并非总是有效。当违纪行为可能具有伤害性,或者可能干扰更多学生的学习时,教师就应该快速制止。在这种情况下,言语干预是最快速的办法。在讨论具体技巧前,教师在使用言语干预时应该记住几条原则。

1. 只要有可能,首先使用非言语干预。

2. 言语干预要尽可能地私密。这样就可以将因让违纪学生在同学面前"丢脸"而产生的防御心理和敌意降到最低。布罗菲(Brophy,1988a)曾建议说,这是纪律干预最重要的原则之一。

3. 言语要尽可能地简短。教师的目标是制止违纪行为并引导学生表现出恰当行为。延长言语干预时间会干扰学习过程,并增加敌对性反抗的可能性。

4. 正如吉诺特(Ginott,1972)所言,干预要针对情境而非个人。换言之,教师要针对不恰当或不良的行为而非个人。例如,当有学生打断教师讲课时,说"打断别人讲话是不礼貌的"就比"你打断了我讲话,你没有礼貌"更恰当。针对学生的行为能够帮助学生看到自己与行为的区别,进而帮助他认识到,尽管教师不喜欢他的行为,但还会喜欢他。如果针对学生个人,他们会被迫防御。另外,学生还可能将教师给的"标签"作为自我概念的一部分,并在将来表现出违纪行为。这恰恰是案例4中吉米·多兰(Jimmy Dolan)所做的。

案例4 小鬼头吉米

吉米·多兰是肖特费楼学校(Shortfellow School)六年级的学生。他的老师格兰布尔(Gramble)先生一直觉得课堂纪律难以管理。吉米是一个很少出现纪律问题的好学生。一天,格兰布尔先生转身看学生时,发现吉米正在和同桌说话。一瞬间,格兰布尔先生转身扑向吉米。其实,吉米只是在向克雷格·鲁特勒(Craig Rutler)借块橡皮,改正作业本上的错误。"你是所有麻烦的制造者,"格兰布尔先生抱怨说,"你是一个小鬼头。我一直认为你是课堂上很少惹麻烦的人之一。好了,破坏者,我们可以打赌,从此以后,我会像鹰一样监督你。你在这里做的任何鬼鬼祟祟的动作都逃不出我的眼睛。"

在事情发生后一周左右,吉米一直表现良好。可是,每当班级出现问题或有学生违反纪律时,格兰布尔先生都责备吉米。这种不公正的责备持续了一周左右后,吉米决定制造一些麻烦,反正不管怎样都会受到责备。在很短时间内,吉米确实变成制造各种问题并很少被逮住的"大鬼头"。

5. 正如吉诺特所言,干预只针对行为,不针对情感。例如,告诉学生:"生气没有问题,但不能攻击。""感到失望没有问题,但是不能在同学面前撕试卷并将其扔到垃圾篓里。"学生需要认识、相信并理解自己的情绪。当教师和家长告诉学生不要生气或失望,就是在告诉他们不要相信自己真实且通常是合理的感觉,要否定它。教师和家长应该向学生传达并让其理解的信息是,表达情感的方式有恰当和不恰当之分。

6. 避免讽刺挖苦以及其他轻视和贬低学生的言辞。教师用言语谴责学生会伤害学生的自尊心,并引发其他同学对他的同情。

7. 首先采用适合学生和情境的技巧,而且这种技巧应该尽可能地靠近决策等级结构中的学生中心端。

8. 如果第一次使用言语干预没能让学生表现出恰当行为,那么第二次使用的技巧就要靠近决策等级结构的教师中心端。

9. 如果言语干预不止一次没有成功,那么就需要进入决策等级结构的下一步:使用逻辑后果。

有些无效的言语干预会引发不恰当的行为。例如,类似"我敢说你再也不敢做了"这样的言辞,实际上会增加学生接受挑战并且再次违纪的可能性。另外一些言语干预则关注了无关行为。"你难道不为自己的行为道歉吗?""你为什么不承认你有问题呢?"这些干预都是离题的,没有关注学生的不恰当行为。还有一些不恰当的言语干预给出了抽象且没有意义的指导和预言。例如,"成熟一点吧!""你将一无所成!"这些干预并没有指向学生的违纪行为,而且充满了贬损和敌意。当学生要"保留脸面"时,这些干预会增加将来对抗的可能性。

记住这些原则以及言语干预无效的情况。接下来,我们关注有效言语干预的等级。请注意,这个决策等级结构从培养学生自我控制能力开始,慢慢过渡到教师控制学生行为。教师要将此等级看作一系列待考虑的选项,而不是按照顺序逐个尝试的菜单。教师从决策等级结构中首先选择的干预策略应该能够解决学生的纪律问题,并且尽量让学生控制自身行为。如果教师觉得快速制止学生的违纪行为非常重要,并且只有教师中心的干预才能够做到,那么首先选择教师中心的干预策略是完全合适的。教师也要记住,并非所有这些干预都适用于所有类型的违纪行为和学生。这很重要。莱斯利(Lasley,1989)指出,教师中心的干预更适合年龄较小和发展不够成熟的学生,学生中心的干预则适用于年级较大和发展成熟的学生。因此,要有效使用言语干预等级结构,教师需要针对具体的学生和违纪行为选择具体的干预技巧。

正如图3-1所示,言语干预等级分为三个大类:暗示、提问、请求/要求。暗示以间接的方式让学生知晓自身行为不合适。暗示并不直接指向行为。因此,在所有言语干预中,暗示为学生的自我控制提供了最多机会,并把将来可能出现的分裂和对抗降到最低。暗示的具体技巧包括接近/同辈强化、提问学生/提及姓名以及幽默。

提问是教师提醒学生注意自身行为及其对他人的影响。提问比暗示直接,但也为学生提供了很多自我控制的机会,而且引发对抗的可能性比要求要低。此处列出的唯一的提问技巧是问题意识效应(questioning awareness of effect)。不过,几乎所有的请求或

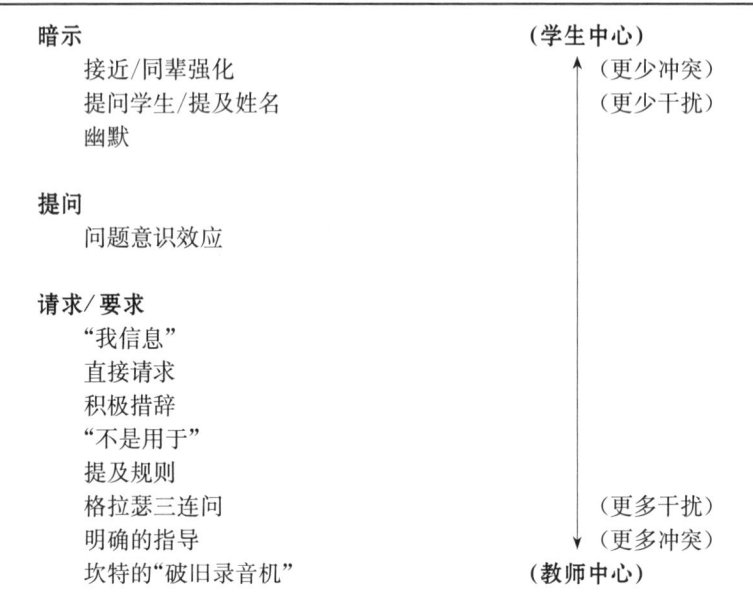

图 3-1 课堂言语干预等级结构

要求都可以用问题表达。例如,"铅笔不是用来敲的"可以转换为"铅笔是用来干什么的"。

言语干预等级的第三层是请求/要求。这些干预直接指向学生的违纪行为,是由教师直接告诉学生停止他们的不恰当行为。请求/要求是一种教师对学生行为强有力的管理方式,可能会引发对抗。尽管有这些问题,当低层次干预失败的时候,教师有时有必要使用这种干预。教师可以温和、秘密和果断地传递要求,而不是咄咄逼人,从而将其潜在的对抗降到最低。

不管教师选用了哪些干预策略,他都必须清楚地意识到它们的局限性和每种干预与学生违纪行为的对应性。

接近/同辈强化

这个技巧的基础是被强化行为更容易再现的学习原理。通常的强化是对某个学生行为的强化。不过,班杜拉(Bandura,1977)

在研究基础上提出了社会学习理论。这个理论认为,学生会模仿同伴那些被强化了的行为。作为言语干预技巧之一,同伴强化将全班同学的注意聚焦到恰当行为而非不当行为上。将这个干预技巧放在等级结构的首位,是因为它给学生提供了控制自身行为的机会,而没有给出指向学生或其行为的干预。接近强化不仅能制止违纪行为,而且能阻止其他学生出现违纪行为。

为了有效运用这个技巧,教师在注意到违纪行为的同时要寻找一个表现良好的学生,并且当堂表扬其恰当行为。请阅读案例5,并注意恒森先生对约翰的怒气。恒森先生如要解决这个问题,可以跟学生说"弗瑞德和鲍勃,我真的很欣赏你们能够举手后再回答问题",或者"大多数学生都记得回答问题前要先举手,我很高兴"。

案例5　背后指责

"约翰,你是我这辈子见过的最让人心烦的学生之一。我跟你说过多少次了?不要喊出答案。如果你想回答问题,要先举手。我想这一点对你的小脑袋构不成多大负担。你觉得课堂规则谁都可以适用,唯独除了你。我已经对你这个错误想法感到厌倦和头痛。我们首先是因为存在像你这样的人才需要规则的。这些规则对你特别适用。我不会让你剥夺其他学生回答问题的机会。不管怎样,你的回答一半是荒诞的(off the wall)。我是课堂负责人,而不是你。如果你不喜欢这样,你可以跟校长谈谈你的问题。好了,坐下,别说话。"

恒森先生说完后转身走向讲台,约翰小心地用中指指着教师("胡说八道"之意)并和朋友一起笑起来。在后面的教学过程中,约翰在教室角落的课桌上画画。其他同学则沉浸于不自然的沉默和看不见的嘲笑。恒森先生试图让课堂安静下来并重新讲课。

接近强化在小学比中学好用。年龄较小的学生比年龄大的学生更喜欢取悦教师,而且他们也争相得到教师的关注。因此,教师公开表扬是对恰当行为的有力强化。在中学阶段,同伴赞同比教师赞同更有价值。因此,教师公开表扬就不是一个有力的强化,甚至完全不是强化。正因如此,教师最好保守地使用公开表扬。不过,对中学生来说,公开表扬对作为一个整体的小组可能是一种恰当的干预。

提问学生/提及姓名

教师要喊学生回答问题时,或者在提问不合适的时候,将学生的名字插入自己的讲课内容或例子中,以此让学生表现良好。瑞恩(Rinne,1984)曾将把学生姓名插入讲课内容,自然地提及姓名。对学生来说,听到自己的名字意味着自己应该集中注意,这是一个很好的暗示。这个技巧既可用于那些虽然自己走神了但没有干扰到他人的学生,也可用于公开干扰学习过程的学生。

提问学生是一种重新抓住学生注意的微小却有效的技巧,而且这种技巧既不会打断教学过程,也不会带来与学生发生冲突的危险。提问违纪学生姓名有两种方式:先喊名字再提问和先提问再喊名字。后一种方式必然会导致学生无法回答问题,因为他没有听到它。通常,教师会在一段令人尴尬的沉默后说明学生为什么无法回答问题和为什么要集中注意。尽管这个程序满足了教师用另一种方式表达"我逮住你了"的需要,但是,我们还是认为先喊名字再提问更好。先喊名字再提问也达到了吸引学生注意的目的,而且还不会让他感到尴尬。

在案例 5 中,恒森先生叫约翰回答问题或喊他的名字并不合适,因为在这个情境中使用这种方式,会通过教师认同鼓励他喊出答案。提问学生或提及姓名尽管在这个具体案例中不适用,但它还是适用于所有年龄阶段的很多情景。

幽默

指向教师或情境而不是学生的幽默,能够消除课堂中的紧张气氛,并使学生表现出恰当行为。幽默能够使个人超脱情境,而且有助于建立积极的师生关系(Saphier & Gower, 1982)。

如果恒森先生想用幽默解决约翰的问题,他可以说:"我肯定有了幻觉。我敢发誓我听到有人说话了,可是我似乎还没有喊人来回答问题。"教师使用这个技巧时要千万小心,不要把幽默变成讽刺。幽默和讽刺之间界限清晰。作为一种言语干预技巧,幽默指向或者取笑的是教师与情境,而讽刺指向或取笑的是学生。在头脑中分清这个区别非常重要,能够保证不让幽默变成讽刺。

问题意识效应

有时候,违纪学生确实不知道自身行为对别人的影响。我们的研究(Levin, Nolan, & Hoffman, 1985)显示,即使是一些长期存在纪律问题的学生,在被迫承认自身行为的积极影响与消极影响后,都会学会控制自己。有鉴于此,让那些违纪学生意识到其行为已经影响到别人,是一个让他们控制自身行为的强有力的技巧。通常情况下,教师用设问让学生意识到自身行为的影响。想要通过这种方式解决恒森先生面临的问题的教师可以说:"约翰,你有没有意识到,你不举手就喊出答案,剥夺了其他同学回答问题的机会?"教师说完后马上继续讲课,不给约翰回应的机会。

这种通知性问题不仅能让违纪学生意识到自身行为的后果,而且向其他学生传达了教师在保障他们的学习权利,并有可能在班级里建立良好的纪律氛围。不过,在使用这种干预的时候,特别是对初中以上学生,教师要对学生可能会回应有准备。如果学生确实回应了,并且是以消极的方式回应,那么教师可以选择忽略。这就是在告诉学生,他不想占用课堂时间讨论这个问题。或者,教师可能回应说:"约翰,你的行为影响到了别人,因此我不允许你继续喊出答案。"这个回应意在告诉学生,教师是课堂负责人,他不能容忍违纪行为。为了应对可能出现的消极性回应,教师必须牢记,自己的目标是尽快停止违纪行为,延长对抗时间不利于实现这个目标。

发送"我信息"

《教会孩子在家庭和学校中自律》(*Teaching Children Self-Discipline at Home and in School*)的作者托马斯·戈登(Thomas Gordon)曾经开发了一个有效处理违纪行为的言语技术(Gordon, 1989)。他将之称为"我信息"。"我信息"包括三个部分,目的是帮助违纪学生认识到自身行为对教师的影响。它背后的假设与"问题意识效应"背后的假设相同,都认为只要学生认识到自身行为对别人的消极影响,他就有动力改正。"我信息"的三个部分是:(1)关于违纪行为的简单描述;(2)关于违纪行为对教师或其他学生真实影响的描述;(3)关于违纪行为对教师情绪影响的描述。使用"我信息"能让学生对自己的重要行为负责,控制好自身行为和情绪。在使用"我信息"时有个重要告诫:正如教师期望学生尊重"我信息"中教师的感受一样,教师自己也必须尊重学生表达出来的感受。

如果恒森先生用"我信息"不让约翰喊出答案,可以说:"约翰,当你在没有举手的情况下喊出答案(第一部分),我就没法叫其他学生回答问题(第二部分)。这让我很难过,因为我想让每个人都有回答问题的机会(第三部分)。"如果师生关系良好,教师拥有参照权威(reference power),"我信息"就常常有效。当学生真心喜欢教师,他们就会有动力停止给教师带来消极影响的行为。相反,如果师生关系不好,最好不要使用"我信息"。因为"我信息"会让学生知道哪些行为会让你心烦,从而做出更多类似行为。

直接要求

当教师拥有参照权威或专业权威(reference or expert power)时,另一个有用的技巧是直接要求。直接要求是有礼貌地要求学生停止违纪行为。例如,恒森先生可以说:"约翰,请停止喊出答案,那样每个人都有回答机会。"直接要求不是一种恳求。

直接要求不能用于学生质疑教师管理能力的课堂。在这种情况下,直接要求可能被当作恳求而不是要求。

积极措辞

很多时候,家长和教师陷入强调违纪行为的消极后果而不是恰当行为的积极后果的陷阱中。我们更多地告诉孩子和学生如果不完成家庭作业会怎么样,而不是如果完成了家庭作业会怎么样。当然,识别违纪行为的短期消极后果比预测恰当行为的短期积极后果要容易得多。但是,当恰当行为的积极后果容易识别时,简单地说出这些后果就能转变学生的违纪行为。施里格利(Shrigley,1985)曾将这个技巧称为"积极措辞"。它经常表述为:"只要你做X(恰当行为),我们就能做Y(一个积极结果)。"

用积极措辞纠正约翰的问题,恒森先生可以说:"约翰,只要你举手,我就喊你回答问题。"在可能的情况下使用积极措辞的长期优势,是能让学生养成恰当行为会导致积极后果的信念。因此,他们就能形成对自身行为的内控力。

"不是用来"

在本节讨论的所有干预类型中,短语"不是用来"(are not for)(Shrigley,1985)是最少使用的。它主要在小学阶段或学前阶段孩子错误使用物品或材料时使用。例如,如果学生在用铅笔敲桌子,教师可以说:"铅笔不是用来敲桌子的,而是用来写字的。"尽管这个技巧在小学和学前阶段使用通常有效,但是对中学生而言可能是一种侮辱。"不是用来"技巧对恒森先生没有用处,因为约翰是中学生,而且也没有错误使用物品或材料。

提及规则

如果教师曾经建立了清晰的指南或规则,而且得到学生的认同,那么简单地对违纪学生提及规则就可能矫正他们的违纪行为。如果原先的违纪行为都伴随着规则提醒,如果在这种提醒下学生继续违纪并得到消极的逻辑后果,那么这个方法会更为有效。请注意,在等级结构的这个点上,教师开始使用外部规则来管理学生行为,而不是让学生自己来控制自身行为。

如果使用这个技巧,恒森先生可以说,"约翰,我们的课堂规则规定学生必须在发言前举手",或者说,"约翰,不举手发言违背了我们的课堂规则"。这个技术对小学和初中的学生特别有效。尽管它也可以用于高中,但是很多高中生都讨厌被很多规则管着的感觉。还有一点非常重要。当使用提及规则没有奏效时,一定要跟着使用后果。如果不使用后果,提及规则的效力会消失,因为学生看不到破坏课堂规则和消极后果之间的关系。

格拉瑟三连问

威廉姆·格拉瑟（William Glasser）的《没有失败的学校》（Schools Without Failure）提出了塑造学生恰当行为的系统。他建议教师通过三个问题将学生导向恰当行为：（1）你在干什么？（2）这是否违反了课堂规则？（3）你应该怎么做？这三个问题被称作"格拉瑟三连问"（Glasser's triplets），其运用当然需要教师让课堂规则深入学生心中。恒森先生也可以用这三连问来阻止约翰喊出答案。格拉瑟三连问的潜在期望是学生诚实地回答问题并知错就改。不幸的是，并不是所有学生都会诚实地回答问题。这是这一干预策略的潜在弱点。教师给出开放性问题可能导致学生不诚实、不恰当或意料之外的回答。

如果学生的回答不诚实，或没有回答，教师可以回应说（例如在约翰的例子中）："不，约翰，你正在喊出答案。这违反了课堂规则。你必须在回答问题前先举手。"为了将格拉瑟三连问带来的扩展的消极对抗的可能性降到最低，教师最好使用三个陈述句而不是疑问句："约翰，你正在喊出答案。这违反了课堂规则。如果你想回答问题，应该先举手。"

明确的指导

明确的指导包含一个停止违纪行为的指示。指导是教师的命令，不给学生留下反驳的空间。如果恒森先生对约翰重新使用明确的指导，可以说："约翰，停止喊出答案。如果你想回答问题，请先举手。"请注意这个技巧和等级结构中其他技巧在教师管理学生责任方面的大小区别。

这个技巧的优势是简洁、清晰，而且没有给学生留下反驳的机会。它的问题是教师和学生当众对抗，学生在同伴面前可能遵守命令,也可能反抗。很明显,如果学生反抗命令,教师必须进入等级结构的下一步,利用合适的后果执行命令。

坎特的"破旧录音机"

李·坎特(Lee Canter)曾开发一个避免教师陷入语言嘲弄和想让学生明确知道要好好表现的策略(Canter,1992)。他将之称为"破旧录音机",因为教师的行为就像是一个坏了的录音机。教师首先给学生一个明确的指导。如果学生没有遵守,或者试图反驳以及解释自己的行为,教师就重复刚才的指导。如果学生继续争论或者没有遵守,教师可以将指导重复2~3遍。如果学生试图为自身行为寻找借口或理由,有些教师在第一次和第二次重复指导前面加上"那不是关键"。下面是恒森先生使用这个技巧的例子。

> 恒森先生:"约翰,不要喊出答案。如果你想回答问题,请先举手。"
>
> 约翰:"可是我真的知道答案。"
>
> 恒森先生:"那不是关键。不要喊出答案。如果你想回答问题,请先举手。"
>
> 约翰:"那你昨天怎么让玛贝尔喊出答案呢?"
>
> 恒森先生:"那不是关键。不要喊出答案。如果你想回答问题,请先举手。"
>
> 开始重新讲课。

我们发现"破旧录音机"是避免与学生发生言语冲突的好技巧。不过,如果重复了三遍还没有效果,那可能需要更有力的措施,例如利用逻辑后果。

遵从或承担逻辑后果："你可以选择"

尽管非言语干预和言语干预常常能够阻止违纪行为,但也有例外。出现例外时,教师需要使用更加公开的技巧。管理决策等级的最后一层是使用逻辑后果管理学生行为。

当非言语干预和言语干预没能引起学生的恰当行为,教师必须掌控现场并使用逻辑后果管理学生行为。教师要温和、谨慎地使用逻辑后果,要使逻辑后果足够有力,但不是惩罚。

布罗菲(Brophy,1988)曾建议,教师使用逻辑后果的重点是改变学生行为而不是惩罚。认识到这点后,教师必须确信学生已经明白自己必须立即停止违纪行为,否则就要承担消极后果。通常情况下,给学生机会选择是遵守规则还是承担后果是有效的。这个技巧叫作"你可以选择"。例如,如果约翰在恒森先生尝试过非言语干预和言语干预后仍然喊出答案,恒森先生可以说:"约翰,你面临一个选择。要么立即停止喊出答案,学会先举手再回答,要么坐到教室后面去,等我下课后再找你聊聊。你来决定如何选择。"这样的干预有助于让学生认识到,对自身行为的积极或消极后果负责是他自己选的。这同样能帮助教师承担一个中立而非惩罚者的角色。请记住,实际上确实是学生选择如何行动的。教师没法控制学生行为,教师只是影响学生行为。

很明显,到底用哪种后果,要依学生的具体行为而定。不过,确定后果的时候要基于一个原则:后果应该尽可能地指向学生的违纪行为。持续应用这个原则能够帮助学生认识到自身行为的后果,帮助他们通过预想后果来学会控制自身行为。

因为教师当场确定与违纪行为相关的逻辑后果有些困难(Canter,1992),所以教师应该在违纪行为发生前就预想常见问题

的逻辑后果。当发生教师没有预想过的违纪行为时,教师可以通过思考如下问题提出其逻辑后果:

1. 如果不纠正这个行为,它的逻辑后果是什么?
2. 这个行为对教师、其他学生和违纪者的直接影响是什么?
3. 怎样将这种影响最小化?

这些问题的答案通常能帮助教师识别出逻辑后果。本部分所述内容构成了一个教师思考和认为如何应对课堂违纪行为、形成恰当干预的等级结构。图3-2是这个等级结构的完整呈现。

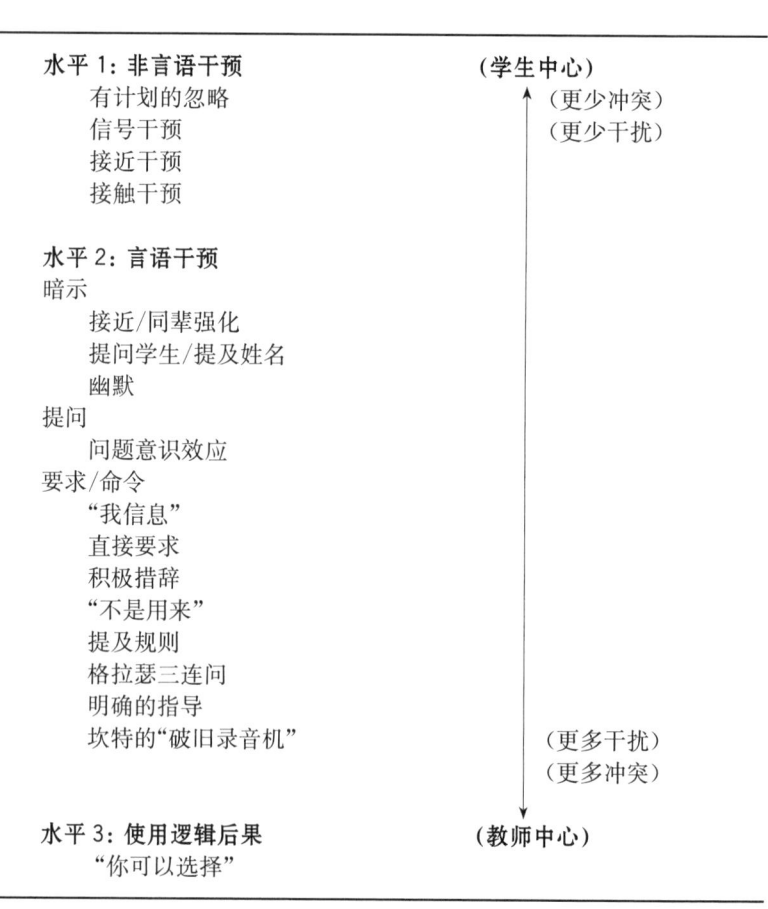

图3-2 管理干预的等级结构

管理学生积习难改的问题行为

建立关系

毫无疑问,教师与有着积习难改的问题行为的学生(以下简称"问题学生")建立积极的师生关系是帮助他们最好的策略之一。通常情况下,这些学生跟教师的关系都不好。实际上,很多教师都避免与这些学生发生关系。这让人非常不解。问题学生经常难以相处。他们经常破坏教师精心设计的学习活动。他们有时威胁其他学生,而且阻碍他们参加课堂活动。他们经常挑战教师的权威,而且让教师怀疑自己的能力。

这种对自己能力的怀疑源自一个错误观念:教师能够控制学生的行为。实际上,教师只能影响学生的行为,只能对学生的行为作出回应。教师除了可以控制自身行为外,谁的行为也控制不了。如果教师错误地认为自己的工作就是控制学生的行为,他就会在学生表现不好时感到自己不够称职。因此,教师管理问题学生的第一步,是将自己的角色定位于让学生学会自我控制。教师的责任只是调整自身行为,为学生创造一个良好的环境。在这个环境中,学生更有可能学习和表现良好行为。

为了做到这一点,教师必须忽视对问题学生的消极情感,并与他们建议积极关系。请注意,我们并不是说教师一定要喜欢学生。这并不总是可能的。说实在的,没有教师会喜欢他遇到的每个学生。不过,真正专业的教师既不会表现出消极情感,也不会受这些情感左右。

根据经验,教师教育问题学生时有两个重要观点。首先,教师如果能够从问题学生身上找到积极品质,哪怕很小或隐藏很深的品质,就更容易让学生表现良好。其次,促使绝大多数问题学生转化的主要因素是与关心他们的成人建立了密切和积极的关系。案例6显示了这种充满关切的关系对人的有益作用。

案例6 达内尔

达内尔(Darnell)出生在一个破旧且犯罪率高的街区,由祖母抚养长大。慈祥的祖母非常关心、保护他。尽管如此,达内尔还是在小学阶段就接触到毒品、街头暴力和各种形式的非法活动。到了中学,正如他自己所说,他浑身充满了愤怒和精力,他开始小偷小摸和暴力攻击,对象包括青少年和成年人。结果他被送到少年监管机构。释放后,他被送到芭芭拉负责的少年监护所。

芭芭拉五十多岁,对当地情况非常了解,也是问题青年工作的老手。正如达内尔所言:"她从来不胡说八道。"芭芭拉坚决要求达内尔停止攻击行为。她清楚地告诉达内尔,如果他改变行为,就是一个具有成功潜力的聪明青年。两人在一起工作了6年。其间,达内尔发生了巨大改变。用他自己的话说,就是:"芭芭拉教会了我怎样处理愤怒和精力,原先是用在篮球场,后来是用在课堂学习上。"由于芭芭拉和达内尔这种亲密、积极的关系,达内尔在学校中及格了,克服了原先的困难,而且被一个当地小型州立学院录取。他后来成了一名特殊教育教师,并在家乡找到一份工作,希望以此改变那些像他一样的孩子的命运。

回到家乡后,他发现有必要改变教育系统,但觉得无力去做。在困扰中工作了几年后,他离开教职,先后取得了心理咨询专业硕士学位、课程专业博士学位和校长证书。今天,达内尔是家乡内城区的一名中学校长。他和妻子、孩子一起生活在那里,并像芭芭拉帮助自己一样帮助那里的孩子将精力和愤怒转移到有益方面。

当然,与问题学生建立积极的人际关系远非易事。很多问题学生都长期处理不好与成人的关系。因为成人在处理与问题学生的关系方面存在这样或那样的问题,很多学生主动抵制与成人建立积极关系。布兰朵、布鲁肯莱格和范博肯(Brendtro, Brokenleg, & Van Bockern, 1990)曾建议,那些与问题学生一起工作的教师应该把学生与重要他人建立关系的自然欲望看作胶纸,而把重要他人看作墙壁。每当学生开始与成人建立关系,胶纸就被贴到墙上。每当这种关系消极性地或伤害性地结束,胶纸就被从墙壁上扯下来。建立关系与受到伤害的过程重复好多次。最终,胶纸不再具有黏性。换言之,问题学生与成人建立关系的欲望消失了。在学生看来,与其忍受建立关系带来的伤害和失望,不如不与成人建立任何关系。

因此,教师要想与这些学生建立关系,必须锲而不舍、始终如一。教师必须在学生身上寻找积极的品质,而且要在先前没有多少鼓励或学生回应的情况下与学生建立关系。正如布兰朵、布鲁肯莱格和范博肯所言,与人建立关系的愿望不一定建立在喜欢或吸引的基础上。教师必须关心学生,为其付出,过一段时间,就会发展出诸如喜欢和吸引的积极情感。请注意案例7中的实习生卡罗尔(Carol)如何与辛迪(Cindy)慢慢建立关系。尽管案例中的戏剧性结局并非总能发生,甚至不够典型,但付出总有回报。

案例7　与辛迪建立关系

卡罗尔是一名化学专业的实习教师,决定将辛迪作为自己的"研究课题"。辛迪是一名超重、相貌平平而且看起来好像没有一个朋友的初中生。她从不跟任何人讲话,不参加任何活动,而且没有通过自卡罗尔接班以来四个月左右内所有的考试和测验。

每天上课前四分钟,卡罗尔都会走到辛迪的课桌前,试着跟她聊天。整整两个星期,卡罗尔都没有得到任何回应,连眼神交流都没有。辛迪完全无视她的存在。卡罗尔虽然感到苦恼和失望,但还是决定坚持。在没有回应的第三周的某一天,卡罗尔注意到辛迪在课上读校报。卡罗尔没有将其视为违纪行为,而是将其作为建立关系的基础。他让辛迪课后留下来,告诉辛迪自己看到她在课上看报纸。他问辛迪是否对报纸感兴趣。辛迪回答说,她想当记者。卡罗尔告诉辛迪,如果她能在课后读报,他将每天都给她带一份校报。辛迪第一次回应说:"那太好了。"

接下来十周的每一天,卡罗尔都会绕道驾驶一刻钟去给辛迪取报纸。这对辛迪影响非常显著。她开始提前到校并在课后与卡罗尔交流。她积极参与课堂活动,甚至每周还口头回答一次左右问题。从这时起一直到卡罗尔实习结束,她通过了所有的测验和考试。考虑到化学学科内容的累积性质,辛迪在学习成绩上的逆转让卡罗尔、她的指导教师(本书作者之一)以及合作指导教师非常吃惊。

鲍勃·斯特拉霍塔(Bob Strachota)将与问题学生建立积极联系的尝试称为"站在他们的立场"(Strachota,1996)。他认为,教师应该将自己视为这些学生的"伙伴"而非"对手"。他还提出帮助教师这样做的几个步骤。第一步是"了解为什么"。斯特拉霍塔指出,不少教师过于关注制止违纪行为的技巧,而忘了一些基础性问题,诸如:学生为什么这样做?这样做的目的是什么?这样做能满足什么需要?斯特拉霍塔的假设是,人的行为都是有目的的,而不是随机的,旨在满足某些需要,即使行为的目的是错误的。如果教师能够找出学生的需要,就有可能用积极的行为来满足这种需要。

第二步是与学生建立共情与亲密感。你是否有过这样的经历:在某种场合,你想停止行为,却无能为力。你是否用你父母当年批评你的话朝着你的孩子大吼大叫,尽管你曾经发誓这种事情永远不会发生。如果你有这样的经历,那就很有机会与这些学生建立共情。如果你能发现你跟学生的共同点——希望停止不良行为却做不到——就很有可能成功。

第三步是细心关注能够展示学生人格其他方面的线索和行为。有时,教师只会看到学生的错误行为,而看不到其行为和人格的其他方面。问题学生像其他人一样是多面的,只不过要发现这一点,教师需要自我控制和长期坚持。当教师能够看到问题学生人格和行为的整体性,就能发现其中积极的与吸引人的方面,而这些侧面可以作为建立积极的师生关系的基础。

斯特拉霍塔提出的第四步，也是最后一步，是教师要监督自己在与学生互动时的行为表现。斯特拉霍塔（Strachota，1996，p.75）指出："我的谈话方式暴露了我的内心状态。我知道当我高兴、放松、好奇、温顺和热情时的表现。我也知道当我感到紧张、粗暴、愤怒、束缚、匆忙、讽刺或严厉时会表现得不一样。"有时，教师会不经意地将消极感受传递给让人失望和成绩差的学生。如果教师能够仔细倾听自己所说，认真观察自己所为，就能给学生传递积极的和关照性的信息。

我们的经验也证实了斯特拉霍塔的信念：教师的心态是关键。教师在处理大多数积习难改的问题行为过程中，往往将学生视为冲突的对手。那些成功解决这些问题的教师都是站在学生的立场，与他们一起解决问题。

打破令人沮丧的恶性循环

很多问题学生饱受经常失败和自尊心不断被打击之苦。他们的需要从来没有被满足过，这些需要源自重要感（sense of significance）或归属感、效能感（sense of competence）或征服感（sense of mastery）、权力感或独立感以及道德感或崇高感。当这些需要没有被满足，个体就会采取措施满足它们。不幸的是，问题学生往往采取不恰当和消极的方式满足需要。这些消极行为会受到惩罚，带来消极的教师反馈和后果，而这进一步打击了学生的自尊心，并导致更严重的错误行为，由此又会带来惩罚、消极的反馈和后果。图3-3描绘的这个恶性循环令人沮丧，但在教师采取行动打破它前会不断延续。

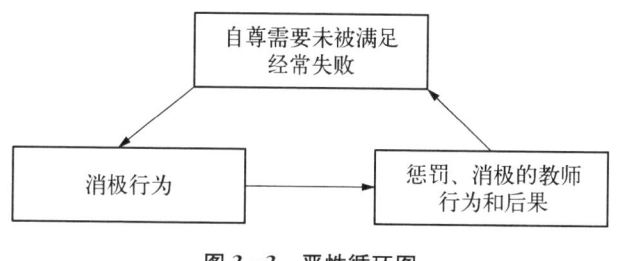

图3-3 恶性循环图

尽管这些学生的不当行为得到消极反应、消极后果都是自然的,但假如真的如此,这个恶性循环就会不断延续下去。假如读完本部分内容后,你走进厨房,发现水正从水槽底部向外涌出,你会怎么做?尽管你可以装作没有看见,关上厨房门,然后去打高尔夫球,但这不是成年人的正常反应。正常反应应该是关掉水龙头,并修补好漏洞。关掉水龙头好比使用惩罚或消极后果。它能不让水漏出来(停止消极行为),但不能修补好漏洞(自尊需要未被满足)。我们当然要制止错误行为,但教师也要找到满足那些需要的途径,打破令人沮丧的恶性循环。

正如有些学生陷入令人沮丧的恶性循环,也有学生处于受到激励的良性循环中。这些学生经常成功,而且他们源自重要感、效能感、权力感和道德感的需要得到了满足。因此,他们对教师和同伴表现出积极的和关照性的行为。这些积极行为是有回报的。其他人觉得他们有吸引力、有能力、有道德,从而使他们进入一个良性循环。我们认为,解决积习难改的行为问题的恰当方式是打破令人沮丧的恶性循环。主要有两种方式:一是运用管理技巧停止学生的不当行为;二是满足学生源自重要感、效能感、权力感和道德感的需要。这两种方式结合在一起,就能打破令人沮丧的恶性循环。

为了做到这一点,那些与问题学生打交道的教师应该问自己四个问题:

1. 我怎样做才能满足学生源自重要感或归属感的需要?
2. 我怎样做才能满足学生源自效能感或征服感的需要?
3. 我怎样做才能满足学生源自权力感或独立感的需要?
4. 我怎样做才能满足学生源自道德感或崇高感的需要?

很显然,下述建议并不是唯一选择。我们知道,教师将会用自己的创造力应用并提升这些建议。

在小学阶段,让问题学生承担一个有责任的角色,例如信息传递员,有时非常有效。这样做有助于满足学生的归属感。在中学阶段,找到那些符合问题学生兴趣和天赋的俱乐部、校内活动、课外活动或校外活动(有时可以是职业)并支持学生参与其中,能够满足学生的归属感。无论在哪个阶段,教师都要注意,当学生表现出恰当行为时,要给予足够的关注和积极反馈。

教师可以用鼓励来满足学生源自效能感的需要。问题学生及其家长常常只收到消极信息。对学生重视的东西表现出兴趣,并确保通过赏识学生的优点来提高学生的效能感。有时,给学生设置短期目标并帮助学生记录实现目标的进步过程,能够让学生感到自己很有能力。

在任何时候,给问题学生的反馈应该强调他们能做什么,而不是不能做什么。例如,如果有个问题学生参加了某课程的有效测验,在付出努力后得了 67 分。在大多数课堂,这个学生接收到的唯一信息是失败。这样就强化了学生的无力感。不过,如果我们更客观地考察相关情况,就会发现其实学生所知道的是不知道的两倍。这当然不是说 67 分是个好分数或可以接受,而是说与其给学生传递失败信息，不如给他指出其学习收获，并用这有限的成功激励他更加努力地学习。使用鼓励性交流，给学生设置短期目标，强调付出和进步，关注学生行为和表现的积极方面，都能提高学生的效能感。

在介绍管理积习难改的问题行为的具体技巧前，需要强调的是，建立师生关系和打破令人沮丧的恶性循环，都需要教师的承诺、坚持、耐心和自制。这些策略并不会让事情在短时间内好转。有时，它们可能在几周甚至几个月内都看不到任何有益之处。坚持这些策略并打消想要回报或想要放弃的自然欲望，贯穿教师专业行为的始终。这确实非常难，但从长远来说，却可能是改变问题学生的唯一路径。

私下谈话

与问题学生进行私下谈话，是试图管理或改变学生问题行为的必要部分。直到教师抽出时间与学生坐下来讨论他们的行为并帮助学生寻找好好表现的方式，教师才开始管理或解决学生的问题。与学生进行私下谈话能够完成若干重要任务。第一，它能确保学生意识到自身行为存在问题，而且必须解决。第二，它有时是建立积极的师生关系的基本步骤之一。因此，私下谈话是帮助学生对自身行为负责和掌控自身行为的重要步骤。

信息接收技巧

私下谈话期间，教师要关注学生对问题的看法和观点。这样，教师的干预才能聚焦到真实问题上。例如，假如学生积习难改的问题行为由他自认为没有能力完成规定任务的信念激发，那么，从长远来看，忽视学生的深层无力感就难以取得成功。因此，确保自己收到学生发出的信息非常重要。下述四点信息接收技巧将帮助你接收学生发出的信息。

1. 使用沉默和非言语的关注线索。给学生留出充足的时间表达观点和感受。在此过程中,使用诸如眼神交流、面部表情、点头和身体姿势(例如身体倾向学生)等非言语线索表达你对学生谈话的倾听和兴趣。最重要的是,确保这些表现都是诚心诚意的,即你确实在认真地倾听学生。

2. 探询。使用相关问题寻求某个主题更详尽的信息,澄清某个观点或问询其理由。例如:"你可以告诉我你和杰瑞更多的问题吗?""你为什么说我不喜欢你?""我不太明白你说我打击你了是什么意思,你能解释一下吗?"提出这些问题表示你在倾听,并希望得到更多信息。

3. 核查理解。稍微改变用词,重述或总结学生的观点。这个行为是为了核查你对学生的理解是否正确。它不是简单地逐字重复学生所说的话。它是教师尝试用尽可能准确的方式以自己的语言表达学生的观点。

4. 核查情感。核查情感是指教师用问题和陈述了解学生的情感。教师在提问和陈述的过程中,可以借助非言语线索(如面部表情)和副语言线索(音量、语速和音调)来理解学生的话外之音。例如,"听起来你确实为自己的篮球水平感到自豪,是这样吗?""当谈到你被放入低级方阵时,你真的生气了,是这样吗?"

信息发送技巧

私下谈话不仅要让教师从学生的立场理解问题,而且要让学生从教师的立场理解问题。使用各种信息发送技巧把教师的想法和主意清晰地传达出去,是帮助学生获得这种理解的第一步。吉诺特(Ginott,1972)和约翰(Jones,1980)提出了以下八个准确传递信息的原则。

1. 关注现场和现在。不要纠结过去的问题和情境。和学生交流你关于当前情境及不远的将来的想法。尽管将过去的行为作为私下会谈的起因是恰当的,但是如果仅仅唠叨过去的错误将一无所获。

2. 交流眼神并使用恰当的非言语行为。在谈及学生过错时避免眼神交流,可能会给学生留下你不舒服的印象。相反,与学生保持眼神交流能让学生知道你在处理问题过程中感到自信与舒适。研究显示,当言语与非言语行为不一致时,学生更相信非言语行为(Wooflolk & Brooks,1983),因此要确保非言语线索与言语信息保持一致。如果你微笑着跟学生说你对其行为感到失望,显然是不合适的。

3. 陈述而非提问。提问是从学生那里获取信息的恰当方式。不过,当教师有具体的信息或行为需要讨论时,就应该把具体的事实摆出来,而不是跟学生玩"你猜我在想什么"游戏。

4. 使用"我"——对你的情感负责。你有权拥有自己的感受。因为学生而懊恼和因为学生而自豪都是合适的。有时,教师试图否定他们的感受,表现得像机器人一样。学生必须知道教师也是人,也有正当的感受,而且在考虑学生行为时必须包含感受。

5. 简洁。开门见山。发现学生的问题后,及时让学生认识到问题所在,并且告诉学生你的处理意见。做完这些就停下来,不要高谈阔论地纠结于这个问题。

6. 谈话指向学生,而不是相关人员。即使有其他人在场,也要跟学生而不是他们的父母或其他咨询者谈话。使用称谓"你"并向学生具体描述他的问题。这样就会给学生强烈的暗示:是他,而不是他的父母或其他人,应对他的行为直接负责。

7. 给出说明,帮助学生改正问题。不要止于发现问题行为。教师要具体地提出需要改正哪些行为,并指出正确的替代行为。

8. 核查学生对你所给信息的理解程度。一旦你清晰地表达了具体的问题是什么以及解决的步骤,你就要提问看看学生是否准确地理解了这些信息。通常情况下,让学生总结这次讨论是个不错的主意。如果学生的总结有遗漏,教师还有机会用学生能够理解的方式重述或复述要点。

记住这些有效沟通的原则后,我们现在可以考虑管理问题学生的具体技巧。这些技巧建立在以下五个假设的基础上。

1. 每个班级认定的问题学生数量不能多,通常应该少于五个。如果超过五个,那就说明教师并未采取有效的预防措施。

2. 教师认真备课,在教学过程中组织学生参加各种有趣的学习活动,并采取各种有效的管理策略。

3. 教师确保学生理解自己对他们的行为期望,并在管理过程中保持连续性。

4. 教师用计划好的言语与非言语干预等级系统以及逻辑后果管理学生的常规问题。

5. 教师与问题学生建立良好的人际关系,并且满足学生的自尊需要,以此打破他们不断被批评的恶性循环。

教师如果没有意识到这些假设,那么在特定情境中应用以下管理技巧时就可能无效或不恰当。

问题学生虽然很多,但通常可以分为两类:一类是拥有快速改善问题行为的最大潜能的学生;另一类是能够使班级陷入混乱的学生。因为班级中有好几个问题学生,教师必须选择先处理哪一类。每个选择都有些意想不到的问题。通常情况下，那些有可能快速改善的学生，其问题行为是最轻的。因此，即使教师顺利地帮助他们改善了问题行为，班级里的混乱程度也可能还是相当高的。同时，那些问题行为严重的学生通常需要更长的时间来改善自己，但是他们的改善对班级纪律的好转往往有戏剧性的效果。

教师到底选择哪类学生开始？这并没有确定的准则。这是一个个人喜好问题。如果你是一位需要见到短期结果才能继续坚持的教师，那你可能会选择第一类学生。如果问题学生已经影响到班级中的每一个人，那你必须选择第二类学生。

我们一定要记住，自我监督、事件记录和行为契约这三个管理问题学生的技巧如果没有建立在上述五个假设的基础上，就可能无效。如果这些假设成立，而且教师预防问题行为产生的措施也相当得当，那么这些管理技巧还是有较大的成功可能的。

管理技巧

自我监督

有些问题学生会把组织良好的私下谈话视为教师关心和支持的象征。有些学生会在私下谈话后对自身行为产成新的认识：这些问题行为侵犯了其他人的权利，在以后班级中将不被容忍。不过，考虑到积习难改的问题行为的性质和背景，大多数学生都需要更为强烈和密集的干预。学生必须有机会学会控制自身行为。如何设计与此原则一致的管理技巧是一个挑战。

行为的自我监督是学生中心的管理技巧，适用于那些想要好好表现但需要外部支持的学生。这个技巧对那些有意注意长度极为短暂或容易被日常繁忙的课堂事件吸引的小学生尤为适合。尽管自我监督对一些年长的学生也适用,但教师在使用时必须就具体情况作出分析。

为了让自我监督有效,所用工具必须清楚地描述需要监督的行为且易于为学生使用。学生必须清楚地知道自我监督的持续时间和行为核查的频率。不幸的是,有时教师设计的工具不太方便使用或太耗时间。在这种情况下,使用工具本身就干扰了对学习的专注。

在开始阶段,学生可能要求教师提示何时开始核查行为或者将其记录在自我监督工具上。这种提示可以是隐秘的,仅为教师和该学生知道的非言语信号。在开始阶段,教师最好与学生一起使用相同的工具监督学生的行为。监督完成后,师生可以比较彼此监督结果的一致性,讨论如何正确使用监督工具以及已经取得的进步。

自我监督的有效性在很大程度上取决于学生如何理解监督工具的使用方式。如果学生将自我监督理解为自己在教师的帮助、支持和鼓励下自我发展的工具,那么其行为改善的可能性就大。当教师能让学生正确理解自我监督的目的,而且强调出现的积极结果,学生就会感谢他们提供的机会和展示自己学习行为的手段。反之,如果这种管理技巧是作为一种惩罚方式引入,那学生改善自身行为的可能性就不大。

图3-4是一个可用于很多行为的自我监督的工具样本。教师使用这个工具时,必须确保学生已经清楚地知道哪些行为是"专注",从而编码为"1",以及哪些行为是"分神",从而编码为"0"。此外,还要事先确定操作性的编码记录时段,那样每个空格才能代表一段确定的时间。

	是=1						否=0				
1	2	3	4	5	6	7	8	9	10	11	12

总分＝各方格的分数之和＝_____

图3-4　我专心吗？

正如所有针对积习难改的问题行为的改善一样，自我监督取得的进步可能是缓慢的。在开始的时候，最好的情况可能是"进两步，退一步"。我们必须记住，积习难改的问题行为不是一天养成的，也不会在一天中就被恰当行为替代掉。新行为替代旧行为之所以如此困难，就在于旧行为已经根深蒂固，而且成了习惯。因此，教师必须要有耐心，而且关注学生的进步。通常情况下，最好每次只针对一个行为。例如，如果有个学生总是跟邻桌说话，并在上课时喊叫，师生应该首先确定先处理哪个行为。如果学生成功地管理了已选的行为，经验表明，后续的问题行为改善工作将会变得顺利。

随着学生行为的不断改善，教师应该慢慢使学生戒除自我监督。首先，教师一旦确定学生能够独立监督自身行为，那就停止合作监督，让学生自己监督自己。其次，随着行为的改善，教师要延长自我核查之间的时间间隔。最后，教师让学生停止自我监督。这个时候，教师要让学生意识到自己已经独立地改变了问题行为，并应对此感到自豪，并以此建立学生的自尊心和自我控制能力。教师也应关注学生在学科成绩和同伴互动方面取得的任何进步，并将其与学生问题行为改善联系在一起。

表3-1是教师可用以评价其设计的自我监督程序和工具的核查清单。

表 3-1 自我监督核查清单

1. 教师和学生是否清楚地理解了所监督行为并达成共识?	___是	___否
2. 自我核查的时间间隔规定是否足够清晰?	___是	___否
3. 学生是否会使用自我监督工具?	___是	___否
4. 师生是否就讨论自我监督的时间达成共识?	___是	___否
5. 自我监督工具能否检测到学生微小的进步?	___是	___否
6. 自我监督工具是否针对行为?	___是	___否

事件记录

如果教师已经使用了自我监督而没有效果，或者因为反感自我监督的哲学基础而不愿使用，或者学生拒绝作出自我监督所需的承诺，那还有一个选择可供教师用于改善慢性行为问题，即事件记录。事件记录是一种课堂行为管理的集体性方法，曾被实习教师和新手教师广泛应用于各级教育阶段，处理各种类型的积习难改的问题行为(Levin, Nolan, & Hoffman, 1985)。它建立在阿德勒心理学原则的基础上，认为我们可以通过让行为人和其他人意识到自身行为及其后果来改变行为人的行为(Sweeney, 1981)。

事件记录比较适用于中学阶段，因为中学生的自我调节能力发展较好。这种方法要求教师在几周内记录问题学生的课堂行为——不管是积极的还是消极的。尽管事件记录技巧最好有学生合作，但也可以由教师独自完成。

教师对问题学生行为的记录和曾经采用的改善行为的措施构成了教师与学生私下谈话的基础。这类私下谈话应该贯彻九个原则：

1. 教师应以积极的语气开始。
2. 教师要让学生认识到他过去的行为及其消极影响，如果有必要,可以给学生看以往行为的记录,并与学生讨论。

3. 教师要向学生解释:这种行为是不可接受的,必须改变。

4. 教师要告诉学生,他会每天记录学生的积极行为和消极行为,并要求学生每天课程结束时签字。

5. 教师应该在记录纸的顶端记下学生的家庭电话号码,并表示如果学生的行为继续不可接受,他将联系家长。(这点可能不适用于高中生,因为家长对这个年龄阶段孩子的影响较小。)

6. 教师要乐观地强调对学生的行为预期。

7. 私人谈话要记录在事件记录本上。

8. 教师要寻求学生对改善行为的口头承诺。不管学生接受还是拒绝,都要记录在案。

9. 学生应该在私下谈话结束的时候签字。如果学生拒绝签字,也要记录在案。

这次谈话后,教师继续记录课堂事件,每天都表扬积极行为,记录消极行为,并记录所采取的改善措施。坚持事件记录能够让教师对事不对人(Ginott, 1972)。教师强化学生的积极行为,并且在可能的情况下,澄清改善行为与学习成绩的关系。这样,教师就能"抓住学生的积极面"(Canter, 1989; Jones, 1980)并体现赏识理念(Dreikurs, Grundwald, & Pepper, 1998)。为了体现学生负责的理念,教师必须在记录学生行为时前后一贯,每天让学生看当天的记录,并让学生签字(Brophy, 1988)。如果学生那天不愿意签字,就只把这个事实记录下来即可。表3-2是一个用于十年级学生的为期三周的事件记录表。在管理等级结构中的其他方法效果有限的情况下,教师使用了事件记录。请注意,在记录表中,教师表扬学生的积极行为,"抓住学生的积极面"。

表 3-2 事件记录表

学生姓名：_____
家庭电话：_____

日期	学生行为	教师行为	学生签名
4/14	和范聊天 离开座位三分钟 拒绝回答问题	口头谴责 让他回去 继续提问	
4/16	进行私下谈话 朗达表示愿意改进	介绍事件记录 支持	
4/17	在实验室认真学习	积极反馈	
4/20	迟到 安静地学习	口头提醒 积极反馈	
4/21	安静地学习 跟吉尔打架	积极反馈 口头谴责	
4/22	没有违纪 主动回答问题	积极反馈 提问她三次	
4/23	迟到 没有签名就离开	课后留校 记录在案	
4/24	没有留校	课后留校两天	
4/27	专注	积极反馈	
4/28	认真看电影	积极反馈	
4/29	认真做作业	积极反馈	
4/30	参与课堂 没有违纪 没有签名离开	提问她两次 积极反馈 记录在案	
5/1	与学生商谈停止记录		

有些教师可能认为这个技巧会消耗大量教学时间。其实并非如此。记录只占用教学将要结束时的几分钟，可能是在学生做作业或预习下节课内容时完成。相比浪费在处理积习难改的行为问题上的时间，记录花费的时间还是非常少的。因此，通过有效率地

使用教学时间,这个技巧其实为教师节省了时间。

列文、诺兰和霍夫曼(Levin, Nolan, & Hoffman, 1985)曾建议,教师在学习使用事件记录时,最好以日志的形式记录这个技巧的有效性。这里有三位中学教师的日志。

十一年级英语教师的日志

十天前,我在自己的一个班里使用了事件记录。记录的对象是两个男学生。其中一个学生的进步非常大。

第一天,我跟其中一个学生会谈,向他解释了这个技巧的程序,给他看了我当天做的记录,并要求他签字。他潦草地签了,看着我,好像在说:"这简直是在开玩笑。"第二天,他在班级中的表现依然消极。这一次,我告诉他,如果明天继续违纪,就通知家长。他看着我,好像在说:"这不再好玩了。"从那时开始,他的行为改善很大。上课时,他安静、专注;下课后,他会找到我,询问当天在哪里签字。那天,当看到记录中他自己的行为表现非常好时,他非常高兴。此后,我只提醒过他一次消极行为。那次,我发现他在扔一张废纸。在看到我在关注他的一瞬间,他说:"你会把它记录在案吗?"课后,他表情沉重地找到我,问:"你不会叫我父母来吧?"我并没有这样做,因为他前面表现一直不错。必须承认,我刚开始也怀疑这种记录。它看起来非常繁琐而且浪费时间。不过,我现在感觉非常好。如果事件记录在很多情况下有效,我还会使用它。如果你已经管理好了一个学生,谁说不能管好五个或十个学生呢?这确实是一个值得考虑的程序。

十年级科学教师的日志

第一天

作为第三或第四个选项,我在中学课堂中使用了事件记录解决纪律问题。原先,我曾用过直接要求与陈述(例如,"你在干什么?你应该怎么做?""你的讲话已经侵犯其他学生的学习权利。")。我的事件记录对象是四个学生。我与他们一一会谈了。这些会谈的目的是回顾学生的课堂表现,并让他们作出改善课堂行为的承诺。这次谈话相当成功。四个学生都作出了承诺。他们也彼此知道对方正在做这件事情。在选择学生的过程中,我将他们两两配对,希望他们能够共同进步。

第二天

正如我的预料,今天的课堂事件记录非常成功。四个学生都出人意料地表现良好。我确信,只要在接下来的几天更加关注他们的进步,就能阻止他们重回老路。

第三天

这个中学班级依然表现良好。不过,我确实需要将一些消极行为(例如看电影时说话)记录在案。我将继续密切留意事态发展。

第四天

这个班级迅速成为我最好的班级之一。我们现在学习了更多材料,有了更多的课堂参与,而且课堂中的闲谈少了。我确实需要记录一些消极行为。但愿学生在看到记录后能够保持积极和恰当的行为。

八年级科学教师的日志

第一天

我发现了一种解决班级主要纪律问题的方法,即用事件记录法记录学生的行为。我觉得这个方法可能有效,因为它让学生对自己的行为负责。如果发生了什么事情,学生只能责备自己。

第二天

今天,我要与几个事件记录对象谈话。我不知道他们是否会出席。如果出席,他们会有怎样的反应?

第三天

三个学生中的两个出席了谈话会。一个缺席。出席的学生非常配合并且承诺好好表现。有个学生甚至评价说,这是一个适合她的好办法。事情看起来好像在向好的方向发展。我们将看到……

第八天

有个学生的行为改善非常大。我告诉她如果保持,我将在下周三停止记录。我很有兴趣观察她的行为:继续改进,还是回到以前?

使用任何策略都会遇到困难,事件记录也不例外。教师必须预想到,有些学生在听到这个程序后会相当抵触。有些学生会坚决拒绝在记录本上签字,还有些则会潦草地签下让人无法辨认的名字。这个时候,教师必须保持平静和积极的心态,并将这些都记录在案。这个举动告诉学生,他要独自对自己的行为负责,教师只是他行为的公正记录者。经过一段时间,学生的行为会改善。因为改善的行为会成为记录的一部分,所以这个记录就会强化行为改善,并成为不断改善的基础。

当学生的行为改善达到可接受的水平,教师可以通知学生没有必要再做记录,因为他已经表现良好。如前所述,如果有可能,将学生行为改善与学业成功和成绩提高联系起来,这点很重要。教师必须让学生清楚,他的好行为还要继续保持。因为持续的关注是将问题行为转变为良好行为的关键因素,所以教师必须在学生表现良好的时候继续给予关注。如果学生的行为没有改善,也许这是终止这个过程的时机。

何时停止记录学生行为?这很难决定。这个问题并没有不容变通的答案,不过有些可供参考的原则。如果学生持续一周表现出可接受的行为,可以停止记录。如果学生一周内还是继续违纪,也要停止记录,并告诉学生原因。如果学生的问题行为减少了,最好与学生进行第二次谈话,决定是否继续记录。

行为契约

第三个技巧是行为契约。它是一个教师中心的策略。这个策略的理论基础是操作性条件反射。根据这个理论,受到强化的行为更有可能再现,没有受到强化的行为则会消失。

这个技巧要有一份师生之间的书面协定,即行为契约,规定学生的适当行为以及对这种适当行为的具体奖励。契约必须详细规定期望学生表现出的行为,这种行为出现的时间以及相应的奖励。这样做的目的是管理那些普通课堂管理程序无法管理的问题行为,鼓励学生自律并承诺表现出恰当的课堂行为。尽管行为契约可以用于任何年级的学生,但是用于小学生和初中生最为合适和有效,因为更大一些的学生会抵触这种控制他们行为的明显意图。

这个技巧也经常用于特殊教育班级，而且效果不错。

因为行为契约使用奖励，而且常常是外部的实物奖励，所以有些教师从理念上就反对这种技巧。这些教师可以将外部实物奖励更换为学习活动，如更长的电脑使用时间、图书馆通行证、特殊的课堂义务或责任等，以此消除理念上的抵触。那些觉得学生不应该因为表现出正常行为而受到奖励的教师则应该记住：这个技巧是非常有效的，而且也是能在课堂教学中使用的最后几个技巧之一。不过，如果教师从理念上非常抵触这个技巧，那么最好不用，因为教师的抵触会降低这个技巧成功的可能性。

那些使用行为契约的教师首先应该记住，仅凭一张契约，是不可能把一个积习难改的问题行为学生转变为模范学生的。通常情况下，教师要用一系列短期的行为契约，引导学生逐步与稳定地改善行为。一系列短期的行为契约能够让学生把行为当作可以管理的，而且让他们在短期改善后就得到奖励。换言之，一系列行为契约给学生提供了成功的机会。可以做到的行为改变、短暂的时间间隔以及经常性的成功更能给学生带来改善的动力。

教师在设计系列行为契约时，要记住三个原则。第一，渐进地改善学生的具体行为。例如，如果一个学生在一天内干扰学习6次，首先把目标设定在4次或更少。过段时间再提高目标，直到每天0次。第二，逐渐延长契约中规定的学生为了得到奖励而必须被观察的时间长度。例如，第一次契约规定的时间是一天，第二次契约是几天，第三次契约是一个星期，等等。第三，逐步将有形的外在奖赏替换为无形的内在奖赏。例如，在刚开始的契约中可以用铅笔等物品作为奖励，后面的契约中则可以将自由的阅读时间作为奖励。这三条原则利用了一个被称为行为塑造的行为修正技巧,它们能够将学生行为的管理权逐渐从教师转移给它的真正主人——学生。

在签订契约前,教师首先要记录学生过去的违纪行为,并且设计改善这些行为的技术。在记录的时候,教师要利用所有的有用证据,包括文献记录和个人回忆,并做到尽量准确和自然。这些记录能够帮助教师决定到底改变什么行为以及每次改变多少是可以接受的。它同样能够保证在使用行为契约前,所有其他的管理技巧都已被使用过。一旦完成记录,教师要跟学生进行私人会谈。私人会谈最好以积极的语气开始。教师要告诉学生,如果他好好表现,他有潜力把事情做好并获得成功。这样做,是在鼓励学生(Dreikurs, Grundwald, & Pepper, 1998)。接着,教师应该让学生认识到自己的消极行为及其对其他学生的消极影响。强调学生行为对其他人的影响有助于发展学生的道德推理能力(Tanner, 1978)。为了帮助学生认识到他的行为不可接受,教师可以用类似如下的问句:"你在课堂里做了什么?""这些行为怎样影响你的成功?""如果其他学生这样对你,你是什么感觉?""在你喜欢的课堂上,如果有人总是制造麻烦让你无法学习,你是什么感觉?"之后,教师要告诉学生,不管提供什么解释,他的行为都是不可接受和必须改正的。接下来,教师可以这样说:"我想出了一个计划,能够帮助你在课堂里好好表现。"

教师必须清楚地说明计划如何执行。因为契约是基于两个人的共识,因此如果学生拒绝,这个技巧就无法使用。不过,如果学生答应在规定时间内改善行为,那就要给予积极后果或奖励。这些奖励可以是:基于特殊兴趣的自由活动时间;通过信件、纸条或电话通知家长其孩子的行为改善情况;学校商店中的招贴画、铅笔、橡皮等物品。在决定到底用什么作为奖励的时候,最重要的是考虑哪些东西能够激发学生的动机。正因如此,让学生建议奖励什么或跟学生讨论奖励什么是个好主意。如果学生的家长合作,可以让他们在家里提供对学生有意义的奖励。这个时候,教师要起草契约,注明具体的行为改善期望、时间间隔和奖励。接下来,教师和学生都要签字,双方各保留一份副本。对于年幼的学生,最好是给学生家长带一份。师生的私下谈话应该与开始一样,在积极的语气中结束。例如,教师可以告诉学生自己很期望他好好表现。

表 3-3 是一个行为契约样本和一个教师可以用于评估自己所起草契约的品质的核查清单。这个样本是杰西卡和她的五年级教师琼斯达成的系列契约中的第三个。在使用行为契约前,每天 40 分钟的社会课程学习时间杰西卡基本上都用于在教室里闲逛。前两个契约让她在该课程学习时间里能有一半的时间坐在座位上。

表 3-3 杰西卡和琼斯老师的第三次契约

1. 期望的行为
   杰西卡在每次社会课程学习中的前 30 分钟坐在座位上。
2. 时间期限
   2 月 27 日(星期一)至 3 月 3 日(星期五)
3. 奖励
   如果杰西卡在每次社会课程学习中的前 30 分钟坐在座位上
   a. 她可以选择 3 月 3 日(星期五)下午的课外游戏。
   b. 琼斯老师将在 3 月 3 日(星期五)下午给她的父母打电话,告诉他们杰西卡的行为改善情况。
4. 评价
   a. 每次社会课程学习活动后,琼斯老师将记录杰西卡在活动中的前 30 分钟是否坐在座位上。
   b. 杰西卡和琼斯老师将在 3 月 3 日(星期五)下午 12:30 见面,确定契约是否被执行以及签署第四次契约。

学生_____
教师_____
时间_____

续 表

行为契约核查清单		
1. 对期望行为的描写是否具体？	是	否
2. 时间期限是否清晰？	是	否
3. 奖励是否清晰？	是	否
4. 奖励是否能激起学生的动机？	是	否
5. 评价过程是否清晰？	是	否
6. 是否设定检查契约的日期？	是	否
7. 学生是否理解、同意并签署契约？	是	否
8. 教师是否签署契约？	是	否
9. 师生是否都有契约的副本？	是	否
10. 学生家长是否有契约的副本？	是	否

一旦签署契约，教师就要根据契约规定每天记录学生的行为。在契约到期时，教师可以利用记录跟学生谈话。如果学生履行了自己的承诺，教师应该给予奖励。如果学生的行为需要进一步改善，就要起草新契约，规定在更长期限内学生具体的行为改善。如果契约到期时学生的行为改善已经达到教师的最终期望，教师可以告诉学生不需要再签行为契约了。在可能的情况下，教师要告诉学生其行为改善和学习成功之间的直接关系。教师当然也要清楚地告诉学生，他希望学生的好行为和成功能够继续。当然，教师在契约到期后必须继续关注学生。这种持续的关注能够帮助学生认识到积极的行为产生积极的结果，而且通常能够帮助学生在很长时间内保持恰当行为。

如果在契约到期时学生没能实现承诺，教师不应接受任何借口。在跟学生谈话时，教师应该使用中性的语气解释说，因为其行为没有达到契约规定的要求，所以不能得到奖励。教师应该向学生指出，没有奖励仅仅是学生行为的逻辑后果。这就能帮助学生认识到行为与后果之间的因果关系。哪怕学生只学到这一点，那也是非常有价值的一课。

这个时候，教师必须决定是否跟学生签署新的契约。如果教师觉得学生在尝试努力践行契约，教师与学生签署一个行为改善要求较低或改善考察期较短的契约是有价值的。如果学生并没有努力改善，那么，很显然，契约并未奏效。这时可以尝试其他选择。在这个过程中，除了花费一点时间，教师并未失去什么，而且积累了很多资料。这些资料在教师寻求外部帮助时非常有用。

如果所有这些课堂管理技巧都没用，那就只剩一个选择。那就是不让学生参与课堂教学，直到学生书面承诺改善自己的行为。

在这样做之前，教师要告诉学生，他的违纪行为影响了教师教的权利和其他学生学的权利，因此他已经不受欢迎。然后，教师让学生到学校的一个特定地点报到。学生在那里将收到包括阅读和写作在内的合适作业。教师也要告诉学生，他有责任在规定时间内以可接受的方式完成所有作业，就像正常课堂教学一样。教师要强调指出，只要学生给出改善行为的书面承诺，就可以在任何时间返回课堂。这个书面承诺必须是学生用自己的话写的，而且要详细说明返回课堂后要改善的行为。当然，这个技巧应用的前提是学校管理者的支持以及有适当的环境。

我们的经验表明，这些被排除出正常课堂后通过书面承诺又返回的极少数学生，通常会在返回后表现出可接受的行为。最终，这个技巧向学生显示，他的行为不能被容忍，他并且仅仅是他要对自己的行为负责。

如果学生在几天之内没有给出书面承诺，教师就要寻求外部帮助（例如父母、顾问、校长或外部机构）。如果必须寻求外部帮助，教师使用的自我监督、事件记录和行为契约将为恰当的移交提供文献证据。

参 考 文 献

Abi-Nader, J. (1993). Meeting the Needs of Multicultural Classrooms: Family Values and the Motivation of Minority Students. In M. J. O'Hair and S. J. Odell (Eds.), *Diversity and Teaching: Teacher Education Yearbook 1*. Fort Worth, TX: Harcourt, Brace, Jovanovich College Publications.

Ames, R., & Ames, C. (Eds.). (1984). *Research on Motivation in Education, Vol. 1: Student Motivation*. New York: Academic.

Bandura, A. (1977). *Social Learning Theory*. Englewood Cliffs, NJ: Prentice Hall.

Bandura, A. (1986). *Social Foundations of Thought and Action: Social Cognition Theory*. Englewood Cliffs, NJ: Prentice Hall.

Brendtro, L. K., Brokenleg, M., & Van Bockern, S. (1990). *Reclaiming Youth at Risk: Our Hope for the Future*. Bloomington, IN: National Educational Service.

Brophy, J. E. (1987). Synthesis of Research Strategies on Motivating Students to Learn. *Educational Leadership*, 45(2), 40-48.

Brophy, J. E. (1988a). Educating Teachers about Managing Classrooms and Students. *Teaching and Teacher Education*, 4(1), 1-18.

Brophy, J. E. (1988b). Research on Teacher Effects and Abuses. *Elementary School Journal*, 89(1), 3-21.

Canter, L. (1989). Assertive Discipline — More than Names on the Board and Marbles in a Jar. *Phi Delta Kappan*, 71(1), 57-61.

Canter, L., & Canter, M. (1992). *Assertive Discipline: Positive Behavior Management for Today's Classrooms*, rev. ed., Santa Monica, CA: Canter Associates.

Curwin, R. L., and Mendler, A. N. (1980). *The Discipline Book: A Complete Guide to School and Classroom Management*. Reston, VS: Reston Publishing.

Dreikurs, R. (1964). *Children the Challenge*. New York: Hawthorne.

Dreikurs, R., Grundwald, B. B., & Pepper F. C. (1998). *Maintaining Sanity in the Classroom: Classroom Management Techniques*, 2nd ed. New York: Harper & Row.

Emmer, E. T., Evertson, C. M., Sanford, J. P., Clements, B. S., & Worsham, M. E. (1989). *Classroom Management for Secondary Teachers*, 4th ed. Boston: Allyn and Bacon.

Evertson, C. M., & Emmer, E. T. (1982). Preventive Classroom Management. In D. L. Duke (Ed.), *Helping Teachers Manage Classrooms* (pp. 2 - 31). Alexandria, VA: Association for Supervision and Curriculum Development.

Feachers, N. (1982). *Expectations and Actions*. Hillsdale, NJ: Erlbaum.

Feldhusen, J. F. (1978). Behavior Problems in Secondary Schools. *Journal of Research and Development in Education*, 11(4), 17 - 28.

Ginott, H. (1972). *Between Teacher and Child*. New York: Peter H. Wyden.

Glasser, W. (1969). *School Without Failure*. New York: Harper & Row.

Good, T., & Brophy, J. (1997). *Looking in Classrooms*, 4th ed. New York: Harper & Row.

Gordon, T. (1989). *Teaching Children Self-Discipline at Home and in School*. New York: Random House.

Hunter, M. (1982). *Mastery Teaching*. EL Segundo, CA: TIP Publications.

Irvine, J. J. (1990). *Black Students and School Failure: Policy, Practices, Prescriptions*. Westport, CT: Greenwood.

Johnson, S. M., Boadstad, D. D., & Lobitz, G. K. (1976). Generalization and Contrast Phenomena in Behavior Modification with Children. In E. J. Mash, L. A. Hamerlynck, and L. C. Handy (Eds.), *Behavior Modification and Families*. New York: Brunner/Mazell.

Johnson, D. W., Johnson, R. T., & Holubec, E. J. (1993). *Cooperation in the Classroom*, 6th ed. Edina, MN: Interaction Book Company.

Jones, V. F. (1980). *Adolescents with Behavior Problems*. Boston: Allyn and Bacon.

Jones, V. F., & Jones, L. S. (1998). *Comprehensive Classroom Management: Creating Positive Learning Environments and Solving Problems*, 5th ed. Boston: Allyn and Bacon.

Kindsvatter, R. (1978): A New View of the Dynamics of Discipline. *Phi Delta Kappan*, 59(5), 322 - 365.

Kochman, T. (1981). *Black and White: Styles in Conflict*. Chicago: University of Chicago Press.

Ladson-Billings, G. (1994). *The Dreamkeepers: Successful Teachers of African American Children*. San Francisco: Jossey Bass.

Lasley, T. J. (1989). A Teacher Development Model for Classroom Management. *Phi Delta Kappan*, 71(1), 36-38.

Levin, J., Nolan, J., & Hoffman, N. (1985). A Strategy for the Classroom Resolution of Chronic Discipline Problems. *National Association of Secondary School Principals Bulletin*, 69(7), 11-18.

Redl, F., & Wineman, D. (1952). *Controls from Within*. New York: Free Press.

Rinne, C. (1984). *Attention: The Fundamentals of Classroom Control*. Columbus, OH: Merrill.

Rosenshine, B., & Stevens, R. (1986). Teaching Functions. In M. C. Wittrock (Ed.), *Handbook of Research on Teaching*, 3rd ed. New York: Macmillan.

Saphier, J., & Gower, R. (1982). The Skillful Teacher. Carlisle, MA: Research for Better Teaching.

Shrigley, R. L. (1979). Strategies in Classroom Management. *The National Association of Secondary School Principals Bulletin*, 63(428), 1-9.

Shrigley, R. L. (1985). Curbing Student Disruption in the Classroom — Teachers Need Intervention Skills. *National Association of Secondary School Principals Bulletion*, 69(479), 26-32.

Stipek, D. (1993). *Motivation to Learn: From Theory to Practice*, 2nd ed. Boston: Allyn and Bacon.

Stipek, D. (1998). *Motivation to Learn: From Theory to Practice*, 3rd ed. Boston: Allyn and Bacon.

Strachota, R. (1996). *On Their Side: Helping Children Take Charge of Their Learning*. Greenfield, MA: Northeast Foundation for Children.

Tanner, L. N. (1978). *Classroom Discipline for Effective Teaching and Learning*. New York: Holt, Rinehart, & Winston.

Walker, H. M. (1979). *The Acting-Out Child: Coping with Classroom Disruption*. Boston: Allyn and Bacon.

Wang, M. C., & Palinscar, A. S. (1989). Teaching Students to Assume an Active Role in Their Learning. In M. C. Reynolds (Ed.), *Knowledge*

Base for the Beginning Teacher. New York: Pergamon.

Weiner, B. (1980). A Cognitive (Attribution) — Emotion — Action, Model of Motivated Behavior: An Analysis of Judgments of Help-Giving. *Journal of Personality and Social Psychology*, 39, 186-200.

图书在版编目(CIP)数据

教育评估、行动研究与课堂管理 /（美）W.詹姆斯·波帕姆
等著；王加强译. —上海：上海教育出版社，2021.5
（教师成长必读系列）
ISBN 978-7-5444-6735-3

Ⅰ.①教… Ⅱ.①W…②王… Ⅲ.①课堂教学—教学
研究—中小学 Ⅳ.①G632.421

中国版本图书馆 CIP 数据核字（2021）第 094666 号

Authorized translation from the English language edition, entitled What Every Teacher Should Know About Educational Assessment, 1E, 9780205380633 by W. James Popham, published by Pearson Education, Inc., Copyright © 2003 by Pearson Education Inc. 本书英文原版的翻译获得 Pearson Education, Inc.的授权。

Authorized translation from the English language edition, entitled What Every Teacher Should Know About Action Research, 1E, 9780137155842 by Andrew P. Johnson, published by Pearson Education, Inc., Copyright © 2009 by Pearson Education Inc. 本书英文原版的翻译获得 Pearson Education, Inc.的授权。

Authorized translation from the English language edition, entitled What Every Teacher Should Know About Classroom Management, 1E, 9780205380640 by James Levin, James F. Nolan, published by Pearson Education, Inc., Copyright © 2003 by Pearson Education Inc. 本书英文原版的翻译获得 Pearson Education, Inc.的授权。

All rights reserved. No part of this book may be reproduced or transmitted in any form or by any means, electronic or mechanical, including photocopying, recording or by any information storage retrieval system, without permission from Pearson Education, Inc. 版权所有，盗印必究。未经 Pearson Education, Inc.许可，不得以任何方式复制或传播本书的任何部分。

CHINESE SIMPLIFIED language edition published by PEARSON EDUCATION INC., and SHANGHAI EDUCATIONAL PUBLISHING HOUSE CO., LTD, Copyright © 2021. 本书中文简体字版由 PEARSON EDUCATION INC.和上海教育出版社有限公司出版。

上海市版权局著作权合同登记号　图字 09-2011-580 号

本书封面贴有 Pearson Education（培生教育出版集团）激光防伪标签。无标签者不得销售。

责任编辑　廖承琳
装帧设计　郑　艺

教师成长必读系列
教育评估、行动研究与课堂管理
［美］W.詹姆斯·波帕姆　安德鲁·P.约翰逊
　　詹姆斯·莱文　　詹姆斯·F.诺兰　著
王加强　译
刘春琼　校

出版发行	上海教育出版社有限公司	
官　　网	www.seph.com.cn	
地　　址	上海永福路 123 号	
邮　　编	200031	
印　　刷	上海展强印刷有限公司	
开　　本	965×640　1/16　印张 12	
字　　数	134 千字	
版　　次	2021 年 9 月第 1 版	
印　　次	2021 年 9 月第 1 次印刷	
书　　号	ISBN 978-7-5444-6735-3/G·5551	
定　　价	49.80 元	

如发现质量问题，读者可向本社调换　　电话：021-64377165